ちくま文庫

なぜ日本人は戒名をつけるのか

島田裕巳

筑摩書房

目次

なぜ日本人は戒名をつけるのか

第一章　死者を葬る

1　映画『お葬式』

映画館の長蛇の列

伊丹十三監督の映画『お葬式』のことを覚えていらっしゃるだろうか。この映画は、タレント業を営む中年の夫婦（山崎努と宮本信子）が父親を亡くし、はじめて経験する葬式というできごとにとまどう姿をコミカルに、というよりもむしろ、リアルに描き出した作品だった。あるいはご覧になっていないなら、ビデオやＤＶＤででも見ていただきたい。

映画のストーリーは、伊丹監督の実際の体験をもとにしていたという。映画が公開される直前に行なわれた『毎日新聞』(一九八四年十一月十二日)でのインタビューの中で、監督は次のように、映画化のいきさつを語っている。

「どんな人も、悲しむひまもなく、ただちに突入せねばならないのが、お葬式なんです。葬式は、まず悲劇から始まりますが、人が大勢集まるところから人間くさいドラマが始まるのです。ときには隠し子も出てきますし、遺産をめぐって早くも火花を散らす。しかもその間、死体が厳然としてそこにあって、人は、それと対面しなければならない。これを映画化すれば、だれもが自分のこととして考えてくれるだろうと思いました」

伊丹監督のもくろみはみごとに当たったといっていいだろう。『お葬式』が封切られた際に、映画館の前には長蛇の列ができていた。しかも、ふだんはあまり映画館にはやってこない年齢層の人たちが列を作っていた。ちょうど映画の主人公の夫婦と同年齢、もしくはそれより年配の中年、熟年、さらには老年の人たちが多く、ほとんどが夫婦づれだった。私が大阪の梅田でこの映画を見たときにも、年配の人たちが映画館の前にたくさん並んでいる光景に驚かされたことを記憶している。館内の雰囲気もいつもとは違っていた。観客のまなざしはかなり真剣なものに見えたのだった。

葬式というものは、当然のことながら儀礼の一種である。あらゆる儀礼にドラマとしての性格があることが指摘されてきたが、葬式もかなりの演劇性を備えている。葬式の主役である死者は、この世での生活を終え、あの世へ旅立とうとしている。葬式はその旅立ちの過程を象徴的なかたちで表現することになる。遺族や会葬者は、葬式という儀礼を通して、故人が無事にあの世へと旅立っていったことを確認するわけだ。

葬式はドラマであるからこそ、ほんらい映画向きの素材なのである。かの黒澤明監督の代表作である『生きる』においても、葬式の場面が重要な役割を果たしていたことが思い出される。会葬者たちが、癌で亡くなった主人公（志村喬）の生前の行ないについて延々と語りあう場面が、そのまま興味深いドラマとなっていた。

しかし、葬式にドラマ性があるというだけでは、『お葬式』の封切の際にできた長蛇の列の原因を説明することはできないだろう。また、観客のまなざしが真剣なものだったことも説明できない。どうも、年配の観客たちは、映画の中でのできごとを切実なものとして受け取っていたようなのだ。おそらく、観客たちは自分たちが葬式を出す側へまわったときのことを考えていたのであろう。あるいは、すでに葬式を出した経験から、興味を抱くようになったのかもしれない。葬式を出すことが、相当にやっかいなものであるからこそ、関心をもたざるをえないのだ。

要するに、『お葬式』という映画は、葬式に臨む人間たちを襲う不安をテーマにしていたのだ。例えば、タレント夫婦（山崎努と宮本信子）がお通夜の前に、『冠婚葬祭入門』のビデオを見ながら、弔問客にどう挨拶するかの練習にはげんでいる場面が出てくる。あるいは、精進落としのしめくくりに挨拶を行なうことになっていた夫が、極度に緊張し、貧乏ゆすりが止まらなくなる場面もあった。決められた形式通りにうまくことを運ばなければならない、という意識にしばられた主人公たちの姿は、たしかに滑稽ではある。しかし、自分たちの番になったときのことを考えれば、主人公たちのふるまいも明日はわが身ともなりかねないのだ。

葬式のやり方については、いわゆる「ハウツーもの」の本が数多く刊行され、書店の実用書のコーナーに並んでいる。そもそも、たいがいのことは葬儀屋がことこまかに教えてくれるのだから、それほど不安になる必要もないはずだ。

しかし、それでも葬式には不安がつきまとう。葬式がどちらかといえば不意にやってくるもので、遺族の側に十分な心の準備ができていないということもあるが、それだけではない。地域によって、しきたりが違ったりすることがある。また、宗教、宗派による形式の違いにも注意しなければならない。最近では、葬式の形式が全国的に標準化されてきているようにも見えるが、こまかな形式の違いにこだわる人間も少なくない。映画『お葬式』の中では、故人の兄（大滝秀治）が、そうした役どころを演じていた。彼は、何かといえば故郷である三河のしきたりをもち出して、ほかの人間たちを困らせるのだった。

「お布施をどのぐらい」

仏式の葬式のときに頭を悩ませることといえば、なんといってもお寺への「お布施」の額ではないか。もちろん『お葬式』の中にも、お布施で困る場面が出てくる。夫婦と、葬儀委員長をつとめる彼らのマネージャー（財津一郎）が、葬儀屋の海老原（江戸家猫八）と葬式の段どりについて打ち合わせをしている場面である。

マネージャーが、「お布施はどんなもんでしょうね」と、葬儀屋に向かって尋ねるが、葬儀屋のほうはしばらく黙ったままで、何も答えようとしない。そこで、じれたマネージャーが、「ねえ、海老原さん。いくらぐらいさしあげたらいいんでしょうね」と、しつこく聞き出そうとすると、葬儀屋もようやく重い口を開くが、肝腎なことはなかなか教えてくれない。マネージャーが、「お布施をどのぐらい」と具体的な金額を尋ねても、「ああ、そうですね。これはお布施ですからね。おいくらと決まったもんじゃないので」と、逃げを打つ。しかし、マネージャーは葬儀屋にくい下がり、両者のあいだで次のような会話が展開される。

マネージャー　でもまあ。相場といっちゃなんだけど、常識というのがあるでしょ。
葬儀屋　ですから、そこはお志ですからね。まあ十万でも二十万でもいいんじゃないですか。
マネージャー　でも、十万でも二十万でもといったって、海老原さん。十万と二十万じゃ倍ですよ。

ここで、いっこうにらちのあかない二人の問答にしびれをきらした妻のほうが「海老原さん。はっきり言っていただいたほうがありがたいわ」と割って入る。すると、ようやく葬儀屋も、「まあ、十万でも二十万でもよろしいんですが、お宅さんぐらいのお家になれば、やはり二十万ぐらいでどうですか」と、答える。するとマネージャーは「二十万ね。わかりました」と納得し、このお布施をめぐるやりとりに終止符が打たれるわけだが、遺族のプライドをくすぐる葬儀屋の答え方はなかなかたくみだ。『お葬式』が映画として成功したのは、こうした微妙なやりとりの場面を丹念に描いたからではないだろうか。こうしたことが、実際の葬式でも行なわれるにちがいないという気に観客をさせてしまうのだ。

たしかに、お布施の額をいくらにするかというのは、本当に難しい。額を決める基準やメカニズムがあるわけではない。よく「相場」ということがいわれるが、これほど曖昧なものもない。相場といっても、故人の社会的な地位や寺とのこれまでのつきあい方などによって、その額はかなり違ってくる。身近にこの相場に通じた人がいれば、その人に聞くこともできるが、必ずしも適当な人がいるとは限らない。葬儀屋に尋ねたとしても彼の一存で決めかねる場合もあろう。葬儀屋は、その家の経済的あるいは社会的な事情にすべて通じているわけではない。後になって、額が少なかったのではないかとか、逆に多過ぎたのではないかと悩むことにもなってしまうのだ。

「そういうのありですね」

やっかいなのは、お布施の額だけではない。それ以上に遺族の頭を悩ませるのが戒名である。『お葬式』の中にも、戒名をめぐるやりとりがあった。いま見てきたお布施の交渉が始まる前の場面である。

故人が亡くなったのが故郷から離れた温泉場の隠居所であったことから、問題が起こる。菩提寺がないのはもちろんのこと、宗旨を同じくする寺さえ付近にないのだ。マネージャーは、夫と葬儀屋を前に葬儀の進め方について確認している。

マネージャー　このへん、真言宗のお寺さんがないから、浄土真宗のお坊さんに来ていただくことにすると。

夫　ないの。

マネージャー　ねえんだよ。

夫は、少々混乱したふうで、「ああ、ええと、じゃあ、坊さんは」とマネージャーに意味不明な質問をする。すかさず葬儀屋がたすけ船を出す。「この方は先生、名僧で、たいへんな善知識でいらっしゃいますよ」。

善知識というのは、仏教の言葉で、仏法に導いてくれる優れた指導者のことを指す。ところが今度は、戒名のことが頭に浮かんできたらしく、夫は「そうすると戒名は」と、マネージャーに尋ねるが、マネージャーは「だから戒名は真吉さん（故人の名前）のお寺からいただくことにして、当面は俗名の雨宮真吉で葬式を出すことになると」と、作業を確認していくような口調で答える。それでも夫は不安なのか、葬儀屋に向かって、「そういうのありですね」と、念を押した。すると、葬儀屋は彼を安心させるため、自信をもって「はい、ありでございます」と答えるのだった。

故郷の三河で葬式をあげないのは、故人の妻、つまりは主人公の妻の母のたっての希望であった。そのために菩提寺から僧侶が来ることができず、かわりに葬儀屋が近くの寺の僧侶を紹介した。葬儀屋が推薦した善知識（笠智衆）は、白いロールスロイスに乗ってやってくる。しかもちゃっかりと、おみやげにフランス製の装飾タイルをせしめていってしまった。

俗名のまま葬儀が行なわれ、戒名をもらうことが先送りにされてしまったために、残念ながら故人がどういった戒名を授かったかはわからない。もちろん、戒名料をいくら払ったかもわからない。夫が葬儀屋に向かって、「そういうのありですね」と念を押したところにみられるように、『お葬式』の主人公たちには、戒名がかなり気にはなっていたようだ。戒名をもらい、それ相応の戒名料を払わなければならないと知ってはいても、正直なところこまかなことはよくわからない。そのために、夫は不安そうな表情を浮かべていたのである。

戒名をめぐるトラブル

かりにもしここで、浄土真宗の僧侶に戒名を授かっていたとしたなら、どういうことになっていたのだろうか。案外、たいへんな事態になっていたかもしれない。映画としては、事態がそうした方面に発展してくれたほうがおもしろかったような気もするが、実際のトラブルに巻き込まれでもしたら、そうのんきなことも言ってはいられない。

そうした実例が『戒名よもやま話』(原勝文、国書刊行会)という本の中に紹介されている。著者は、西本願寺で聞いた話だとして、その経緯を次のように説明している。

ある門徒（浄土真宗の信者をいう）が葬式を出した。ところが、家の宗派がわからず、近くにあった禅宗の寺に葬式を頼んだ。葬式は無事終了したが、寺から「布施百五十万円、戒名料三百万円」を要求され、その額の大きさに仰天してしまった。あわてて寺にかけ込んだが、住職は、その金額に匹敵する戒名を授与したのだから払っていただくほかないという返事なのである。ところが、その段になって、親類縁者が騒ぎだした。「どうも宗旨がちがうらしい」というのだ。過去帳などを調べたところ、やはりその家の宗派は浄土真宗本願寺派だったのである。そこで、西本願寺のほうに相談に来たのだが、どうにも手のくだしようがなかったというわけである。

残念ながら、本の中では結末がどうなったのかは記されていない。はたしてトラブルは解決されたのだろうか。葬式を行なった寺で多額のお布施と戒名料を取られたうえに、違う宗派の戒名をうっかりもらってしまったことで、親戚から責められることになったのだろうか。遺骨を故郷の浄土真宗の寺に埋葬しようとするときに、戒名の形式が違うからだめだと言われるかもしれない。そうした可能性は、十分にある。

葬式は不意にやってくるために、誰だってあわててしまう。なんとか無事に終わらせようと考えていても、うっかりしてしまうことだってある。故人の宗旨がわからないというのは、田舎から都会に出てきた人の場合にありがちだ。日頃、祖先を祀っていないために、菩提寺との関係がいっさい断たれ、宗旨がわからなくなってしまうのだ。そこから、先のようなドタバタ劇が生まれることになる。残念ながら伊丹監督は一九九七（平成九）年に亡くなってしまったが、もし生前に『お葬式』の続編として『戒名』というタイトルの映画を撮っていたとしたなら、きっとそういう場面をとり入れたことであろう。

しかし、戒名をめぐるトラブルは、いまのようなケースだけではない。『仏教葬祭大事典』（藤井正雄・花山勝友・中野東禅共著、雄山閣）には、次のようなケースで悩んでいる人の訴えが紹介されている。

「母が亡くなりましたので、菩提寺にお葬式を依頼したところ『お宅は院号ですから〇〇万円です』といわれました。ところがこの菩提寺は大寺で祖父が事業に成功したときに入檀して祖父母は院号なのですが、事情があって父はなく、母がようやく最近に借金して家を新築したばかりです。若い私たち二人の子供には〇〇万円もの院号料は納められませんし、信士なら〇万円だそうですが、それもおぼつかないありさまです。こんなときはやはりきまりどおり院号でなくてはいけないものでしょうか。あるいはもっと安くやってくれる別のお寺さん（葬儀屋さんの紹介）に頼んではいけないものでしょうか」

多額の戒名料を要求されてとまどっているこの若夫婦は、できることなら菩提寺の求める額を払いたいにちがいない。しかしながら、要求額と払える額との差はかなりある。別のお寺に依頼するといっても、墓は菩提寺にあるはずだ。もし、別の寺でもらった戒名を、菩提寺の側が認めなかったとしたら、事態はよけいに難しくなる。

またこれとは反対に、引越しにともなって墓を移築したところ、院号居士がただの居士に「格下げ」されたという例もある。新しい寺への貢献が少ないのだから、院号に値しないというわけだ（『戒名よもやま話』参照）。

映画『お葬式』を見れば、誰だって、葬式がやっかいなものだという感想をもつことだろう。ところが、現実は映画以上に難しい。『お葬式』の中では先送りされてしまった戒名の問題をめぐって、さまざまなトラブルが起こることが予想される。しかも、トラブルに巻き込まれた側は、なぜそうしたことが起こるのかがわからないのだ。

2　葬式と墓

死者は葬式を要求する

葬式というのはひどくめんどうなものである。しかもかなりの費用がかかる。二〇一〇年に㈶日本消費者協会が行なった「第九回葬儀についてのアンケート調査」では、全国平均では一九九万八八六一円という調査結果が出ている。その内訳は、葬儀社や葬祭場などに支払われる葬儀一式費用が一二六万六五九三円、飲食接待費用が四五万四七一六円、寺院の費用が五一万四四五六円だった。

費用がかかるうえに、いま見てきたような戒名をめぐるトラブルが派生することもある。それならいっそめんどうな葬式などやめてしまえといった意見も出てくるだろうが、現実には死者が出ればほとんどの場合、葬式が行なわれている。葬式を行なうことは常識の範疇に属するといってもいいだろう。そのために、健康保険法には埋葬料の規定がもりこまれている。その第四九条では、「被保険者死亡シタルトキハ被保険者ニ依リ生計ヲ維持シタル者ニシテ埋葬ヲ行フモノニ対シ埋葬料トシテ被保険者ノ標準報酬月額ニ相当スル金額ヲ支給ス」となっている。国民健康保険に加入していた場合、本人か扶養家族が死亡すると三〜七万円の埋葬料が支払われる。社会保険の場合は、標準報酬額によって異なるが、原則として亡くなった人の給与の一ヵ月分（最低十万円〜最高九十八万円）が支払われる。扶養家族が亡くなった場合は、家族埋葬料の名目で一律十万円が支払われる。ただ、こうした額では、とても二百万円を超える葬儀費用全体はまかなえない（なお、社会保険の埋葬料は、二〇〇六年に改正され、一律五万円程度に減額された）。

葬式というものは、人類の誕生と同じくらい昔から営まれてきた。その証拠に、原始時代における人類の住居跡からは、仲間によって葬られた死者が発見されている。仲間が亡くなれば、それを放置しておくわけにはいかない。あるいはそこには、死への恐れや、死者への恐れの気持ちが働いていたのかもしれないが、ともかく、それまで一緒に生活していた仲間を死体として放置しておくことに耐えられなかったのではないだろうか。そして、死体を埋葬などによって物理的に処理するというだけではなく、そのおりには死者を悼むために何らかの儀礼が行なわれたことであろう。

死者を葬ることは、生者にとってこそ重要な事柄である。かけがえのない近親者や仲間を失った者たちは、その悲しみを乗り越えて、生き続けねばならない。それが限られた期間の生命しか与えられていない人間の宿命である。いつまでも悲しみにひたっていることは許されない。どこかで何らかのけじめをつける必要がある。葬式は、生者の悲しみを外に向かって表現する機会を与えてくれる。悲しみが表出されることで区切りがつき、生者たちは死者への切なる思いを抱きつつも、日常の暮らしの中に戻っていくことができるのだ。

ときに、「葬式無用論」が唱えられることがある。しかし、そうした意見はあまり支持されない。たしかに、死んだ人間には葬式は無用かもしれない。だが、残された側は葬式を必要としている。人間は死んだら無だという考え方もあるが、無になってしまうからこそ、それを補うための儀礼が必要なのだ。たとえ本人が葬式はいらないと言っても、周囲はなかなかそれを許してはくれないのである。

イベントとして、人生の総括として

葬式が、死者にかかわる生者たちにとっての区切りであるとするなら、故人の社会的な地位が高くなるにつれ、葬式に参列する人間の数は増えていく。故人にお別れを言いたい、あるいは言わなければならないと感じる人間の数が増えれば、それにともなって葬儀の規模は拡大していく。いわゆる「有名人」と呼ばれる人たちの葬儀が驚くほど盛大なものになるのは、そのせいなのだ。

とくにバブルの時代には、盛大な葬儀がつづいた。たとえば、俳優の石原裕次郎や歌手の美空ひばりの葬儀は、社会的なイベントでもあった。

一九八七（昭和六十二）年八月十一日に青山葬儀所で行なわれた石原裕次郎の葬儀には、三万人以上のファンがつめかけた。祭壇には、白菊額の五尺×六尺の大遺影のほかに小遺影、さらには愛車のベンツのスポーツ車が飾られていた。特設ステージでは、原信夫とシャープス＆フラッツ、高橋達也と東京ユニオンの二つのバンドが故人の生前のヒット曲の数々を演奏した。大導師をつとめたのは、曹洞宗大本山総持寺の梅田信隆貫首で、戒名は「陽光院天真寛裕大居士」とつけられている。これまでに例のない盛大な葬儀だった。

一九八九年七月二十二日に同じく青山葬儀所で行なわれた美空ひばりの葬儀は、裕次郎の葬儀以上に盛大なものとなった。青山葬儀所での葬儀が、そのまま地方の七つの会場にも同時に衛星中継され、会葬者は総計七万二千人にも達した。葬儀は、菩提寺の日蓮宗唱導寺の菅野海成住職が大導師をつとめ、副導師は八名であった。戒名は「慈唱院美空日和清大姉」とされた。斎場は二カ所に設けられ、第一斎場では、弔辞と送る言葉のあとに親友の雪村いづみをはじめとする歌手三十名が、祭壇の前で『川の流れのように』を献歌した。

葬儀業界の業界紙である『祭典新聞』は、第二斎場での感動的なできごとを次のように伝えている。

「第一斎場でのハイライトが『献歌』だとすれば、第二斎場でのそれは午後三時過ぎ、主宰者側も予期せぬハプニングとして起きた。ヒット曲を演奏する『ひばり&スカイ』の前にファンが集まり、配布された会葬礼状のひばりさんの写真を胸に合唱を始めたのだ。『ひばりの佐渡情話』『悲しき口笛』……。誰もがひばりさんの歌にその時代の思い出を背負っている。誰もが涙を流している。突然、会葬を終えた原信夫氏（『シャープス&フラッツ』の指揮者）がステージに上り『悲しい酒』の指揮を始めた。歌声は次第に大きなうねりとなり、青山葬儀所を包み込んだ」

ほかの会場でも同じような光景がくり広げられた。戦後史を飾るスーパースターの葬儀にふさわしいできごとだといえる。美空ひばりの人生は、日本人の戦後の歩みを象徴するものだった。ひばりという偉大な歌手が亡くなったことによって、一つの時代に幕がおろされたことを、会葬者たちは強く感じたのである。

バブルの時代の大規模な葬儀は大物芸能人だけとは限らなかった。有名な実業家などの場合にも、葬儀の規模はかなりのものとなった。日本商工会議所名誉会頭であり東急グループ代表である五島昇の葬儀は、日本商工会議所・東京商工会議所・東急グループによる合同葬として、一九八九年四月二十六日東京都港区にある増上寺の大殿で行なわれた。形式は仏式（浄土宗）で、九品仏浄真寺（世田谷区）の清水貫首が導師をつとめ、僧侶九名で読経が行なわれた。法名は、「昇徳院殿英誉道毅浄生洪勲大居士」とある。

幅九間高さ三間の祭壇には十万本の白菊が敷きつめられ、ほかに胡蝶蘭千本、大輪のオンシジューム千五百本、それに故人が生前こよなく愛したと添書された黄色のバラが二千五百本使用された。祭壇の図面作りには一カ月を要した。施工には大工、造園、花飾りなど、八十名強の労力で前夜十時から作業を開始し、いったん作業を中断して当日朝四時から再開し、八時に完了した。かなりのハード・スケジュールであった。

石川六郎日商会頭、横田二郎東急電鉄社長が葬儀委員代表をつとめ、両氏と当時の竹下首相、中曾根前首相が弔辞を奉読した。葬儀参列者は政・財・官界から要人が六百名、会葬者は推定二万人で、指名焼香以外は献花方式がとられた。とにかく盛大な葬儀であった。これもまた一つの社会的なイベントであった。

こうした盛大な葬儀は、バブルという時代背景を抜きにしては考えられないもので、一般の人たちの葬儀とは比べ物にならないものだった。普通の葬儀なら、社会的なイベントになったりはしない。そして、バブルが崩壊することで、社会的なイベントになるような葬儀は営まれなくなった。そこには、バブルの崩壊だけではなく、大物の存在そのものが消滅してしまったことが影響している。

しかし、どんな葬儀でも、故人の関係者が一堂に会することで、故人の人生がどういう歩みであったのかを、おのずから語ってくれる。会葬者たちは、葬儀を通して、死者の社会人としての価値を再確認する。葬儀は、一人の人間の人生を総括するための場なのである。

墓は必要か

葬式をすることが常識になっているといっても、法的に強制されているわけではない。親の葬式を出さなかったために、罰せられることはない。では、葬式以降のことはどうなるのだろうか。

葬式が終わったからといって、それで死者の処理が完了したわけではない。荼毘に付されて骨になってはいるが、死者の遺骨は骨壺に入ったままだ。これをどうにかしなければならない。なかには、骨を灰にして海や山に撒いてくれるだけでいいと言う人もある。いわゆる散骨、自然葬である。

葬儀社の検索サイトを運営するみんれびが、全国の六つの地域の男女五百人を対象に、二〇一四年六月十三〜十九日にかけて、散骨についての意識調査を実施している。

それによれば、「散骨をご存知ですか？　また興味がありますか？」という質問に対して、「知っていて、興味がある」が四三・〇％、「知らなかったが、興味がわいた」が一一・四％と、五四・四％が散骨に興味を示していることがわかった。

さらに、「知っていて、興味がある」が四三・〇％で、「知っているが、興味はない」の三四・〇％を上回り、散骨について知っている人の割合が七七・〇％と、認知度が約八割に達することが明らかになった。しかも、全体の半数近い人たちが散骨に興味を示しているわけであると。

どこに骨を撒いて欲しいかを聞いたところ、海が三九・六％ともっとも多く、次いで森の一四・〇％、空の七・四％、宇宙の五・六％という結果が出た。また、「自分のお骨は散骨してほしくない」については、関東地方がもっとも低く、二三・八％だった。首都圏では、散骨に対する抵抗感がほとんどなくなってきていることになる。

この点については、横浜市が数年ごとに行ってきた「横浜市墓地に関する市民アンケート調査」が参考になる。

そのなかには散骨についての項目もあり、「自分はしたい（されたい）」の割合は、二〇〇二年の調査では、一〇・六％だったのが、二〇一二年には、二二・六％に増えている。一方で、「理解できるがしたくない（されたくない）」の割合は、五一・八％から三七・三％に減少している。この十年のあいだに、散骨を希望する人間が増えていることがわかる。

最初に散骨を運動の一環として行なったのは、朝日新聞社の元記者、安田睦彦が会長をつとめる「葬送の自由をすすめる会」だった。会では、散骨による葬儀を、「自然葬」と呼んだ。それは、一九九一年十月五日のことだった。

散骨された場所は、神奈川県の三崎海岸のヨット・ハーバーからヨットで二時間ほど航行した相模湾の洋上だった。第一号の自然葬に海が選ばれたのは、故人が海をこよなく愛していたからだった（安田『お墓がないと死ねませんか』岩波ブックレット）。

それまで、散骨希望者がいても実施されなかったのは、遺体の葬り方について規定した「墓地、埋葬等に関する法律」、略して「墓埋法」によって、墓地以外の場所に埋葬することは許されていないと考えられていたからである。

ところが、法務省や厚生省は、「葬送の自由をすすめる会」が行なった散骨にお墨付きを与える見解を発表した。法務省刑事局は、「刑法一九〇条の規定（「死体、遺骨、遺髪又ハ棺内ニ蔵置シタル物ヲ損壊、遺棄又ハ領得シタル者ハ三年以下ノ懲役ニ処ス」）は社会習俗としての宗教的感情などを保護する目的だから、葬送のための祭祀で節度をもって行なわれる限り問題はない」という公式見解を示した。

厚生省も、墓埋法は「散骨のような葬送の方法については想定しておらず、法の対象外で、禁じているわけではない」という立場を表明した。これによって、散骨には法律的に問題がないと考えられるようになり、次第に一般化していった。いまでは、散骨を請け負う葬祭業者も増えている。

しかし、散骨の合法性が確認されても、大多数の日本人が散骨に踏み切るようになったわけではない。ほとんどの場合、遺骨は墓に埋葬されている。

では、誰が遺骨を墓に埋葬し、そのめんどうをみなければならないのだろうか。この点については、民法によって規定されている。民法の第八九七条「系譜・祭具・墳墓の承継」では、「系譜、祭具及び墳墓の所有権は、前条の規定にかかわらず、慣習に従って祖先の祭祀を主宰すべき者がこれを承継する。但し、被相続人の指定に従って祖先の祭祀を主宰すべき者があるときは、その者が、これを承継する」とある。

「慣習に従って祖先の祭祀を主宰すべき者」とは、要するに家を継いだ人間、いわゆる跡継ぎということになる。

以前は相続権と祭祀権とが一つのセットとして考えられていた。家を継いだ人間は、家業や財産、家屋敷を相続することでメリットが大きく、その分先祖のめんどうをみることが義務として考えられていた。ところが時代は変わってしまった。就業形態の変化により家業が減り、相続税の問題などもあって家屋敷の相続が難しくなってきた。墓に関しても、とくに大都市では、新たにその場所を確保することがひどく難しくなってしまった。

死んでも死者は生きている

葬式、墓と話を進めてきたが、まだまだこれで終わりではない。墓に遺骨を埋葬、つまりは納骨した後にも、やらなければならないことが少なくないのだ。

私たちは、墓は買うものだと考えがちだが、実際には墓は買うものではない。墓を買ったのではなく、「永代供養料」を払っただけなのだ。部屋を借りるときのことになぞらえてみれば、永代供養料は権利金、あるいは保証金に相当する。部屋を借りつづけるためには家賃を払わなければならないように、墓にも管理料が必要だ。誰もその管理料を払わなくなってしまえば、権利もなくなる。そうなれば、やがては「無縁墓」として処分されることになる。

管理料を払うのは、墓参りのときだ。春と秋の彼岸や夏の盆、あるいは故人の命日などには墓参りすることが慣習になっている。墓石を掃除し、花を飾り、線香と水を供えて、その前で手をあわせる。酒など故人の好物を供えてやることもある。墓に名刺受けを設けて、墓参りに来た人間から名刺をもらったりもする（さすがに名刺の交換とまではいかないが、名刺は定期的に回収され、故人の勤めていた会社が礼状を出す。墓の名刺受けについては、中牧弘允『宗教に何がおきているか』平凡社、参照）。最近では、墓参りの代行業さえ誕生し、けっこう繁盛しているようだが、それも墓参りは必要だという観念が強いからだろう。

家の中にも死者がいる。仏壇には位牌が飾られ、家族はろうそくを点したり、線香をあげたりする。花や御飯、水なども供える。珍しい到来物があれば、真先に仏壇に供えられる。家族の中に発生した重要なできごとも仏壇に向かって報告される。死者は、仏壇の中から出られないとはいえ、家族とともに生活しているようにも見える。

さらに、定期的に法要を営む必要が出てくる。法事、法要は、一周忌に始まり、三回忌、七回忌、十三回忌と、それは三十三回忌ないしは五十回忌の「弔い上げ」まで続く。法事をすれば、寺へのお布施や、出席者の接待にかなりの額がかかる。たとえ遠くに住んでいても、法事とあれば飛んでいくしかない。万が一、祖先に対する供養の仕方が粗末であれば、死者は「祟る」ともいわれている。家の不幸や家人の長期にわたる病気は、先祖を丁重に供養しなかったことが原因だとされる。死者は、供養が十分であれば、生者を守ってくれる守護霊的な存在になりうるが、逆に供養がおろそかになると、生者に災厄をもたらす恐ろしい存在ともなるのだ。

戒名の影響

ここまで順を追って詳しく見てきたことからもわかるように、一人の死者を葬るということはそうとうにやっかいで骨のおれることなのだ。しかも、めんどうだからといって、途中で投げ出すわけにもいかない。周囲の目だってある。故人の供養をしなければ、子孫としての責任を放棄したものとみなされる。

もちろん、昔からそれはやっかいなことだったにちがいない。だからこそ、死者を葬るための伝統的な方法が、各地域、各家ごとに伝えられてきている。村落に見られる「葬式組」などが、そうした工夫の一つである。ところが、現代においては伝統的な仕組みが崩れてしまっている。とくに、都会においては、葬祭業者に全面的に頼る以外に方法がなくなってきている。しかも、すでに見たように、葬儀の費用は馬鹿にならない。

こうした状況のなかから、映画『お葬式』の主人公を襲った不安が生じることになる。葬式のことを考えるということは、かなり憂鬱な作業なのだ。しかも、どこから考えていったらよいのか、その手掛りは見つけにくい。しきたりだ、慣習だ、相場だといわれながら、それに従っていれば、ことはすむかもしれないが、最後に納得できないところが出てくることにもなる。本当に、私たちは現行の形式でなければ死者を葬れないのだろうか。しきたりというが、どうしてしきたり通りでなければならないのか。真剣に考え始めれば、次々に疑問がわいてくる。

そこで本書では、死者を葬ることについて考えるための糸口として、戒名をとり上げることにした。戒名をテーマとして選んだ理由はいくつかある。まず、本章の冒頭でも見たように、戒名をめぐるトラブルはかなり多く、しかも深刻な影響を与えていることが、第一の理由である。第二に、戒名が死者を葬る一連の作業のなかで、後々にまで影響していく点があげられる。

葬儀のときに、すでにその重要性は予感されていたはずだ。どういった戒名をもらうかによって、葬儀の規模が決定されたからだ。院号などのついた立派な戒名をもらえば、粗末な葬儀をするわけにはいかない。豪華な祭壇が設けられ、僧侶が幾人もやってくる。そうなれば、火葬場のランクも自然と上のクラスになり、さらに諸々の経費やお寺へのお布施もかなりのものになってくる。

戒名は、その後の法事・法要にも影響する。戒名が立派であれば、儀式は盛大なものとなり、ここでもお布施や費用が嵩んでくる。お寺も周囲も、それを当然のこととして、同じ規模の盛大な儀式がくりかえされる。今回だけ質素にというわけにはいかないのだ。さらには、すでに紹介したトラブルの事例にあったように、院号などが次の死者に受け継がれることもある。家がよりさかんになっていれば、それに対応できるかもしれないが、いつも経済的に豊かとは限らないのだ。

戒名の影響はそれにとどまらない。菩提寺の本堂を改築するといったときには、檀家に寄付が要請されるが、その額もやはり戒名の「格」に応じて決定されるからだ。『戒名よもやま話』によれば、静岡県伊豆の曹洞宗のある寺では、寺の一部を改修したときの負担金の分担を次のように定めたという。

院居士号　五万円
居士号　三万五千円

上座号　　二万五千円
信士号　　一万五千円
墓檀家　　五千円
住職　　七万円

たしかに著者のいうように「明朗会計」ではあるが、戒名の格によって負担額が多くなることを覚悟しなければならない。はたして、葬式の際に戒名をもらったとき、私たちはそこまで十分に考えているのだろうか。親孝行のつもりで、一字でも多い戒名をと考えた結果が、後でとんでもないことになりかねないのだ。

しかも、後から戒名を変更するわけにはいかない。立派な戒名をもらった家は、菩提寺の有力な支援者、いわばスポンサーと考えられており、その役割を期待されている。その時になってあわてても、どうしようもないのである。

戒名の謎

戒名にまつわるトラブルは多く、しかも戒名の格は死者を葬る過程に大きく影響する。ところが、「戒名とは何か」と考え直してみると、どうもよくわからないのだ。私たちは、仏式の葬儀をするのなら戒名が不可欠である、と思い込んでいる。映画『お葬式』の主人公がそうだったように、俗名のまま葬式が営まれるのはどこか変だという感覚があるのだ。

戒名とは何なのだろうか。どうしても戒名は不可欠なものなのだろうか。戒名なしでは、葬儀は営めないのだろうか。院号にはどういった意味があるのだろうか。戒名料はどうして高いのだろうか。考え始めれば、次々と疑問が出てくるはずだ。それでいて、答えは少しも浮かんでこない。これまで戒名について、はっきりした説明を誰からも聞いたことはない。

戒名にはいろいろな謎がある。戒名をめぐるさまざまな問題を考え、疑問を解消していくことが、本書のとりあえずの目的である。しかし、それはたんに戒名を知的に理解するだけには終わらないはずだ。それは、すでに述べたように、戒名が問題になってくる葬式、そして死者を葬るという行為について考えるための糸口でもあるからだ。さらには、今日の社会における仏教のあり方についても、話はおよんでいくことになるだろう。

戒名はあくまで一つの現象にすぎない。重要なことは、戒名を生み出し、それを機能させている背後の力である。その力とは、社会であり、文化である。したがって、戒名の謎を解いていく作業は、社会や文化のあり方を考えていくことに発展していく。私たちは、戒名を見ていくことで、私たちの生きる日本の社会、そして日本の文化の成り立ちを明らかにしていくことになる。

第二章　戒名の現象学

1　戒名の実際

戒名の実例

仏式で葬られた死者は、ほとんどが戒名を授かっている。第一章でふれた、石原裕次郎、美空ひばり、五島昇という三人の有名人の場合にも、戒名がつけられていた。石原裕次郎は「陽光院天真寛裕大居士」、美空ひばりは「慈唱院美空日和清大姉」、そして五島昇は「昇徳院殿英誉道毅浄生洪勲大居士」であった。それぞれ、一見して立派な戒名だという印象を受ける。また、どことなく生前の故人の姿を彷彿とさせる。

それは、どの場合も故人が生前に名乗っていた俗名なり芸名なりの一部が、戒名でも使われているからである。石原裕次郎の「裕」、美空ひばりの「美空」、五島昇の「昇」である。また、故人の仕事や性格を表現しているようにもみえる。「天真」は、戦後の青春を演じた裕次郎にふさわしい。「慈唱」は、故人の歌声がどれだけ人々を励ましたかを考えれば納得がいく。五島の場合には、戒名全体が実業家としての故人の姿を表現している。

戒名が俗名や生前の故人の業績を示したものであるとするなら、戒名を見ただけでそれが誰のものであるかもわかるはずだ。例えば、次のような戒名が誰のものか、考えてみてほしい。

一、長楽院慈眼玉映大居士
二、清院殿医王顕寿日郎大居士
三、乗法院越路妙華大姉
四、文麗院梶葉浄心大居士

三が一番やさしいかもしれない。一はかの映画評論家で、二は「医王」の部分がヒントになる。四は、「文」と「梶」に注目してもらいたい。答えは、順に淀川長治、武見太郎、越路吹雪、梶山季之である。医王とは、大胆なつけ方だが、生前の立場や力を考えれば、医学界のドン、武見太郎は、まさに医王だった。

歴史上の人物では、足利尊氏が「等持院殿仁山妙義大居士」、徳川家康が「東照大権現安国院殿徳蓮社崇誉道和大居士」と驚異的に長く、赤穂浪士の大石内蔵助が、いかにもという感じの「忠誠院刃空浄剣居士」という戒名を授かっている。

有名人や歴史上の人物というわけではないが、「耕田一滴信士」、「清厳浄光清信士」、「涼室妙蔭信女」、「美玉貞艶大姉」、「照山自光居士」、「本濃視佃上座」、「歌室妙琴禅定尼」といった戒名は、故人の生前の姿をおのずから想像させてくれる。

近くの墓地をめぐって、墓石や墓誌に記された戒名を観察してみれば、けっこう興味をそそる戒名に出くわすはずだ。その中には、「正全禅童子」「妙公禅童女」「晩春嬰児」といったものもあるが、いずれも幼くして亡くなった子供たちに与えられた戒名なのである（ここにあげた実例の多くは、『戒名よもやま話』とインターネット上のサイト、「名墓録」http://www.hugyou.jp/meibo/ を参考にした）。

ここまで見てきた実例から考えてみれば、戒名には一定の原則なり約束事なりがあることがわかる。俗名や芸名の中の一部の字が使われることや、故人の生前を彷彿とさせる字が含まれることについては、すでに述べた。梶山の戒名の中にある「文」の文字は、故人が作家であったことを示している。大石内蔵助の「忠誠院刃空浄剣居士」という戒名は、まさに忠臣蔵の世界を想像させてくれる。ほかにも、子供には大人と違う戒名が与えられる。童子や童女、あるいは嬰児の文字は大人には使われない。社会的な地位が高い人物の場合には、院号なり院殿号が使われることがあることもわかった。

もう一つ、普通はあまり気がつかないことだが、宗派による戒名の違いといったこともある。浄土宗では「誉」をつけることになっているが、これは五島の場合に見られた。また、浄土宗の一派である西山浄土宗では「空」の字を戒名に含める。時宗では「阿」を含ませるが、とくに女子には「弌」をつけることになっている。これは、それぞれの宗派の開祖などにちなんだものとされている。

日蓮宗の場合には、「日○」といった日号や、男性の場合に「法」、女性の場合に「妙」といった字が使われる。それを組み合わせると、○○院△△□□日○居士といった形になり、美空ひばりや武見の戒名がそれにあたる。どれも、「日」の文字を戒名の中に含んでいた。浄土真宗では、釈迦の略称である「釈」の文字を使い、男子ならば釈○○、女子ならば釈尼○○とつける。お宅に仏壇があるなら、位牌に記された戒名をたしかめてみるといいだろう。家の宗旨と合致しているだろうか。

戒名の原則

戒名にいくつかの原則があることはわかったが、その原則は宗派によって違ってくるばかりでなく、地域や個々の寺院によっても変わってくる。少なくとも、すべての場合に適用される原則や規則といったものは存在していない。

『戒名よもやま話』の著者である原勝文は、宗派別にいくつかの寺院を訪問して、どういう原則にしたがって戒名を与えているのかを調べている。ところが、宗派によってだけではなく、個々の寺院によって戒名のつけ方の原則にかなりの差があることが判明した。原は、同時に各寺院に対してアンケート調査を行なっているが、その調査からは、本山が末寺に対して戒名のつけ方の作法などを指導していないことが明らかになっている。

戒名を与えるのは、各宗派の本山ではなく、あくまで個別の寺院の住職である。院号や院殿号といった戒名の「格」を決めるのも、住職の仕事なのである。仏教界全体に適用されるような共通の原則が確立されているわけではないのだ。

ところが、葬儀事典のたぐいでは、宗派ごとに戒名のつけ方が紹介され、それぞれ一応の原則は定まっているように書かれている。おそらくこれは、事典という性格によるものだろう。事典の中では、戒名の意義について説明し、その形式を解説しているので、やはり一応の原則を立てておく必要が出てくるのであろう。

ここでは、これからの議論を円滑に進めるためにも、そうした葬儀事典を参考にして、戒名のつけ方に関するおおよその原則を示しておきたいと思う。院号のついた最も基本的な形が、○○院△△□□居士という九字の戒名である。○○が院号、△△が道号、□□が法号という形で区別され、居士の部分は位階を表している。位階を位の高いものから順に並べれば、次のようになる。院殿号は院号よりさらに上だ。なお、子供の場合には、年齢によって位階が決まる。

〈男〉　〈女〉
居士　大姉

禅定門　禅定尼
信士　信女
童子　童女（小中学生）
幼子　幼女（学齢に達しない子供）
孩子　孩女（二、三歳の乳幼児）
嬰子　嬰女（自分で移動できない段階の子）
水子　（流産した場合）

位階の前に「大」や「清」といった字をつけて、位にさらに差をつけたりすることもある。これは、美空ひばりの例に見られた。また、院殿号や院号は、寺に対する貢献度の高い者に与えられるのが原則となっている。

戒名のつけ方

戒名を誰がつけるのかに関しては、寺の住職の役目とされている。檀家がかってに自分で戒名を名乗ったり、死者に戒名をつけたりしてはならないことになっている。

はたしてそれが本当なのかについては議論があるのだが、仏教界はそうした主張を展開し、戒名や法名の授与権を確保しようと試みてきた。住職は、一応の原則に従って、死者にふさわしい戒名を選んでいく。その際には、文字の選択に注意しなければならない。もちろん、仏教を否定するような言葉を使ってはならない。鶴や亀といっためでたいものや、鷲や象などの仏教の教えに関連したものは例外だが、動物の名前は使わないことも原則となっている。原則を踏まえたうえで、組み合わせや語感、故人の年齢や寺とのかかわりを考慮して戒名が決められていく。

ところが、本山が戒名のつけ方について指導を行なわないために、住職も、自分の力だけでは戒名の字を選べないことがあるようだ。そのために、戒名のつけ方を教える指導書が出版されている。一般の読者には関係のないことだが、ネットで検索してみると、戒名、法号に関連した書物がいくつかあることがわかる。青山社編集部編『字解・用例付法号戒名字典』『職業・性格別戒名字典』（ともに青山社）といったものがあり、宗派別では、永久岳水『曹洞宗法名・戒名の選び方』（国書刊行会）、青山社編集部編『日蓮宗聖語付戒名字典』（青山社）、佐橋法龍・若林恭英『実用模範禅宗戒名集成』（春秋社）、真言教化研究会編『真言宗戒名作例字典』、大本山増上寺布教師会編『浄土宗戒名大字典』（ともに国書刊行会）がある。

『実用模範禅宗戒名集成』の著者の一人、佐橋法龍は、長野市松代町にある長国寺僧堂の堂長で、数多くの戒名を調べあげ、それを整理してデータベース化したものを出版している。佐橋は、戒名のつけ方が不統一で、作法にかなっていない点が以前から気になっていたので、それを是正するために模範となる戒名のつけ方を示そうとしたのだという。一字だけあいた四文字の模範戒名の空欄に故人の俗名を一字入れれば、禅宗にふさわしい格調高い戒名がつけられるとのことである。

最近では、戒名の作成にコンピュータを活用する動きも生まれている。過去帳のデータベース化などはかなり行なわれ、そのなかには戒名のデータも含まれるが、戒名の作成を支援するコンピュータ・ソフトウェアも開発されている。大東工業の開発した「寺院エキスパートシステム」は、寺院の檀家管理や財務管理が行なえるだけではなく、過去帳の管理や戒名作成支援までシステムの中に含んでいる。これは、戒名そのものを自動的に作成するのではなく、戒名に使う文字の候補を示し、作成を支援するものである。

2　仏弟子の証としての戒名

戒名と戒律

戒名の実際とおおよその原則、そしてそのつけ方について見てきたわけだが、問題はその先にある。では、戒名の意義はどういうところにあるのだろうか。戒名が仏式の葬儀と深く関連している以上、まずは仏教の教えの中で戒名がどのように考えられているかを見ていきたい。

戒名は、宗派によって、法名や法号とも呼ばれるが、基本的には個人が仏教に帰依した証として与えられる特別な名前であるとされている。天台宗の指導者、天台座主であった山田恵諦を著者とする『葬式と戒名のつけ方』（天台宗宗務庁教務部）という小冊子では、「（仏教徒として守るべき戒律を授ける）授戒は俗界をはなれて仏門に帰入せしめる作法であり、戒名は受戒した仏弟子を表示する永遠の法号である」と説明されている。

この文章の中には仏教の専門用語が多く使われているために、かなりわかりにくいが、要するにこうしたことなのだ。まず、仏教の世界には、信者が守るべき「戒律」が定められている。仏教徒になろうとする者は、その戒律を守るという誓いをたてなければならない。それが信者にとっては「受戒」であり、お寺の側にとっては「授戒」である。戒名は、授戒式において受戒した人間にのみ与えられるもので、それは仏の弟子であることの象徴であるといってよい。一定の作法を経なければ、戒名を授かることはできないのだ。

戒名が戒律を授かった者にしか与えられないとするなら、では、戒律とはどういったものなのだろうか。私たちは、戒律を一つのものとして考えがちだが、じつは「戒」と「律」とは別々の性格をもっている。戒は、修行者が自らの修行のために自発的に定めた誓いであるのに対して、律は仏教教団であるサンガ（僧伽）に加わろうとする人間に課すところの規則であり、そのために罰則をともなうことがあるのだ。

しかし、現実には戒と律との区別は厳密なものではない。むしろ重要なのは、一般の在家の信者が守る戒律と出家者が守る戒律との区別である。在家信者の戒律として最も名高いのが「五戒」である。五戒とは、不殺生戒（生きものを殺さないこと）、不偸盗戒（他人の物を盗まないこと）、不邪淫戒（よこしまな性関係をもたないこと）、不妄語戒（嘘をつかないこと）、不飲酒戒（酒を飲まないこと）であり、場合によっては不飲酒戒のかわりに不邪見戒（よこしまな見解をもたないこと）が含まれることがある。ほかにも八斎戒や十善戒といった戒律が知られているが、基本的な性格は五戒と変わらない。

出家者の場合には、在家信者と同様に五戒を守ることが基本になっているが、それ以外に「具足戒」とよばれる特別な戒律が定められている。それは、男性の出家者である「比丘」の場合には二百五十戒あり、女性の「比丘尼」の場合には三百四十八戒あるとされている。具足戒は、出家者がしてはならない事柄を具体的に定めたものであるが、戒を破るという罪を犯した場合には、懺悔したり、教団から追放されたりというような罰を科せられることになっている。

在家の信者の場合に限っても、仏弟子となるためには、授戒式において五戒などの戒律を守るという誓いをたてて、そのうえで戒名をもらわなければならない。そのためにはもちろん、死後においてではなく、生きている間に戒名を授かっていなければ意味がないことになる。事実、戒名について解説したものを見ると、ほとんど例外なく、生前に授戒式に出て、戒名を授かっておくのが本来のあり方だという点が強調されている。

例えば、『仏教葬祭大事典』では、「人が死ぬと、檀那寺に依頼して戒名をつけてもらい、それを位牌にしるして仏壇に安置するのが現在の一般的風習になっているが、本来の意味は、『戒を授けられることによって与えられる名前』ということであるから、授戒式を受けて仏教徒になった時に与えられる名前であって、死んでから授かるものではない」と、明確に説明されている。

ブディスト・ネーム

戒名が、仏の弟子になった証として授かるものであるならば、それはキリスト教の洗礼名に似ているといえるかもしれない。キリスト教徒は、信仰の証として受洗し、その際に洗礼名、クリスチャン・ネームを授かる。実際、評論家のひろさちやは、戒名を「ブディスト・ネーム」(仏教徒名)と呼び、それが仏教徒としての生まれ変わりを記念するものだと述べている(『戒名・法名のはなし』世界聖典刊行協会、ならびにその漫画版である『戒名のはなし』鈴木出版、参照)。

しかし現実には、生前にわざわざ授戒式に出て戒名をもらう人は多くはない。ほとんどの人は、死後にはじめて戒名を授けられる。それは、一種の社会通念となっており、戒名は死者の名前として考えられている。子供が生まれたら名前をつけるように、あの世に旅立った死者にも新しい名前が必要だというわけだ。誰もが生きているあいだに仏教徒としての自覚をもち、授戒式に臨んで戒名をもらっているというのであれば、たしかにクリスチャン・ネームと同じことになるかもしれない。しかし、生前に戒名をもらうことは、建前にしかすぎないのが現状なのだ。

第一、どれだけの人が授戒式の存在を知っているのだろうか。生前に戒名をもらうのが本来のあり方だという建前でさえ、あまり広く知られているようには思われない。その原因は、たんに私たちの側が無知であるということではないだろう。お寺の側も、本気で授戒式の存在を知らしめようとはしていないからだ。もしも生前戒名が本来の姿であると考えるなら、それを広めようとする動きがあって当然だろう。浄土真宗では、「御髪剃」という在家信者が仏門に入る儀式を積極的に行ない、かなりの数の信者が生前に法名を授かっているようだが、これは例外である。他の宗派では、授戒式には消極的で、とうてい本気で生前戒名をすすめようとしているようには思えない。お寺の側は、戒名は死者のものだという社会通念にのっかって、現実を容認している。「生前に戒名をもらっておくことが本来の姿だが……」とは言うものの、そう言った後に、「しかし、実際には死後に戒名をもらうことが一般的で……」というかたちで、現実を肯定している。ブディスト・ネームとして戒名を考えようとするひろさちやの場合にも、死者は遠い仏の国、浄土に生まれ変わるのだから、その生まれ変わりの証として、俗世界で使っていた名前を捨て、ブディスト・ネームである戒名を授かる必要がある、と主張している。そして彼は、死者が俗名のままではいけない理由を次のように説明している。「俗名は文字通り俗の名前です。迷いと苦しみ、煩悩の世俗の中を生きてゆくときの名前です。それをそのまま聖なる世界、お浄土に持ち込んでいいのでしょうか」。

さらには、死後に戒名をつけることに積極的な意義を見出そうとする立場もある。それは、戒名を人生の総括としてとらえようとするものだ。静岡県沼津市の臨済宗の寺の副住職は、現在の風習のとおり、死後に戒名をもらうほうがいいとして、次のように述べている。「ご承知の通り戒名には信徒の生前の実績が圧縮されて挿入される。戒名からその方の生前がうかがえる。とすると、亡くならなければその人のすべてが判らない……」(『戒名よもやま話』)。これは、この章の最初に見たさまざまな戒名を思い返してみればいいだろう。戒名を通して故人の生前の姿が想像されることに価値をおいているわけだ。

しきたりとして

山田恵諦天台座主は、戒名は「仏弟子を表示する永遠の法号である」と、述べていた。ひろさちやは、戒名を「ブディスト・ネーム」としてとらえようとしている。どちらにしても、戒名は仏教への信仰と結びつけて考えられている。生前に戒名を授かっておくのが本来のあり方だという説明も、仏教への信仰が前提とされている。

しかし、現状はどうなのだろうか。私たちは、本当に信仰の証として戒名を考えているのだろうか。もし、戒名を授かることが信仰と結びついているのなら、本人の意志が問題になってくるはずだ。しかし、死んだら戒名をつけてくれと言い遺して亡くなる人は、そう多くはない。

反対に、故人の生前の意向がどうであれ、遺族は戒名をもらうことを当然のことと考えている。さらにいえば、遺族の意向もあまり重要ではないのかもしれない。仏式の葬儀を選択すれば、故人は自動的に戒名を授かることになる。

では、葬式の形式についてはどうなのだろうか。故人が生前に特定の宗教への信仰を表明していたとするなら、葬儀はその宗教の形式にのっとって行なわれることであろう。クリスチャンならキリスト教式で、神道の信者なら神道式の「神葬祭」によって、故人は葬られる。もちろん仏教徒であることを自認していた人間なら、葬儀は仏式を選ぶことになる。

個人の信仰が明白でない場合には、家の宗教が何であるかが選択の基準になる。数としては多くはないが、神道が家の宗教だという場合がある。キリスト教が家の宗教だという場合はさらに少ないだろう。家の宗教の大半は仏教であり、しかも宗派が定まっている。どの宗派に属しているかは、菩提寺によって決まる。つまりは、家の先祖代々の墓がある寺が、どの宗派であるかによって、その家の宗教、宗旨が決定されるわけだ。

このため、故人の関知しないまま死後に戒名が与えられることになる。亡くなれば、自動的に仏弟子、あるいは仏となってしまうのだ。誰も、それが本人の希望だったのかどうかを気にしたりはしない。立派な戒名をもらうことができれば、遺族は「立派な戒名をいただいて、さぞや故人も草葉の陰で喜んでいることでしょう」と、僧侶に向かってお礼の言葉を述べるにちがいない。

もしこれが、本人の意志がはっきりしないまま、遺族がキリスト教式の葬儀をあげてしまったというのであれば、周囲は納得しないであろう。要するに、特定の信仰をもたない人間は、亡くなったら仏式で葬儀を行なうことが常識とされている。これは、信仰とはいえない。むしろ、「しきたり」というべきだろう。一般の日本人なら、仏式の葬式があたりまえだということが、社会生活の前提とされている。映画『お葬式』においても、故人の信仰がどうだったのかは話題にものぼらなかった。主人公の夫婦も、当然のように仏式の葬儀を受け入れていたのである。

誰が戒名をつけるのか

仏教界は、戒名は仏の弟子となった証であるという考え方をとり、だからこそ、僧侶によって与えられるべきだという主張を展開している。一般にも、そのように考えられている。

しかし、戒名の実際を見てみると、はたしてそうした主張に妥当性があるのか疑問に思えてくる。先にあげた著名人の戒名を見ていただきたい。そこに使われている文字の中で、仏教の教えと関連をもつものはあるだろうか。居士号や大姉号は、仏教と関連するかもしれないが、他の字については格別仏教の教えを連想させるものはない。死者の生前のなりわいや性格、あるいはその偉大さを顕彰するような文字は使われているが、それぞれは仏教の専売特許だというわけではない。

戒名が、仏教の教えと深く結びついたものなら、異なる教えを説く宗派ごとで、もっと違いがあっておかしくないはずだ。しかし、法名と呼び、釈（尼）○○という特異な形式をもつ浄土真宗を除けば、浄土宗の「誉」や日蓮宗の「日」、あるいは「妙」といった使われる字が違うだけで、宗派による差はさほど見られない。

もし戒名が、仏教の教えと直接関連しないなら、それは僧侶によってのみ与えられるべきものなのだろうか。その点が疑問になってくる。

実際の戒名の中には、僧侶以外の人間がつけたものが存在している。明治の文学者、斎藤緑雨の戒名は「春暁院緑雨醒客」だが、それは幸田露伴がつけたものである。あるいは森鷗外も、上田敏に対して「含章院敏誉柳邨居士」という戒名をつけているし、自分の母親にも「硯山院峰雲競谿水大姉」という戒名をつけている。

あるいは、自分で戒名を選んだ人間もいて、斎藤茂吉は「赤光院仁誉遊阿暁寂清居士」という戒名を選んだ。最近でも、山田風太郎は「風々院風々風々居士」という戒名を自分でつけている。それは文学者だけのことではなく、終戦のときに首相だった鈴木貫太郎は、「大勇院尽忠日貫居士」という戒名を自分でつけている。

昔の文学者は、漢文学に通じていて、文字についてよく知っていた。そこから、戒名をつけることになったことと思われるが、それも、戒名が必ずしも仏教の教えとはかかわらない、むしろ死者のための名前だからなのである。

3　戒名料

戒名料は存在するか

戒名を授かるためには、それ相当の額をお寺に納めなければならないと、誰もが考える。これが俗にいうところの「戒名料」だ。ところが、仏教界には、戒名料などというものは存在しないという主張がある。

一九九七年十二月、全国に七万五千ある仏教寺院や教会、布教所のうちおよそ九割が参加している仏教界の全国組織、㈶全日本仏教会が、「戒名・法名問題研究会」を発足させた。戒名と法名が併記されているのは、すでにふれたように、宗派によって戒名ではなく、法名と呼ぶところがあるからである。研究会では、五回の討議を経た後、二〇〇〇年一月に報告書をまとめている。

その報告書によれば、討議のなかで、次のような意見が出たという。

①戒名（法名）について批判があるのは、主に大都市部である。それは都会に於いて、寺と檀信徒（門徒）との関係が希薄であることに起因している。
②今日の戒名（法名）批判には、葬儀の商用化という現代社会の経済至上主義が背景にある。
③戒名（法名）は、仏弟子に成る時にいただく名前である。生前に受けるのが望ましいが、一般にはあまり理解されていない。各教団も説明しようとする意欲が充分でない。
④一部に「戒名（法名）料」と称して、高額な請求をする僧侶がおり、それが仏教界全体の不信となっていると言わねばならない。
⑤戒名（法名）の授与は、多くの宗派で各住職の裁量に任されている。そのため、

地域差、寺院差が大きい。今後は各教団で一層の研鑽を進めるべきだ。

⑥布教・伝道を通して、社会の苦悩を解消するための努力を充分に果たしていないことへの批判が、戒名（法名）問題の根底にある。仏教界全体として反省すべきだ。

⑦「戒名（法名）料」批判に応えるためには、会計処理を含めた寺院運営の在り方を再考する必要がある。

研究会では、こうした議論を踏まえ、今後、「戒名（法名）料」という表現・呼称は用いないことと、戒名の意義を広く一般に知らしめるためにリーフレットを作成することを理事会に提案している。リーフレットは、「戒名・法名について」と題され、二〇〇一年十月に刊行された。

日本の葬送儀礼全般にくわしい藤井正雄は、次のように述べ、戒名料が料金であることを否定している。

「本来は、戒名料が高いとか取られたとかいう問題じゃないんですね。これは布施ですから。つまり喜捨、喜んで捨てるということですから。寄付したり、慈善事業に参加したり、いい事をしたときは気持がサッパリするでしょ。その気持が仏の心だと言われています」（『別冊宝島 当世死に方事情』）

しかし、戒名を授かることがしきたりとされている現状を考えてみれば、喜捨というとらえ方には問題がある。仏教に帰依もしなければ、何の貢献もしないまま死んだ人間が、遺族の意向によって死後に戒名を与えられた場合、それでも喜捨ということになるのだろうか。少なくとも、本人にとっては喜捨であるとは言いにくい。あるいは遺族にしても、喜捨という感覚はあまりないのではないだろうか。戒名をもらったことに対する対価として、「戒名料」を払ったのだと考えているように思われる。

建前では、生前に信仰の証として戒名を授かるべきだとされてはいても、現実には戒名は死んでからもらうものになっているのと同じように、建前では仏教や寺への貢献度によって戒名が決まるとされていても、現実には金額の多寡によって戒名の格が決まると考えられている。例えば、冠婚葬祭についての「ハウツーもの」の先駆となった塩月弥栄子の『冠婚葬祭入門』（カッパ・ホームス）では、「戒名は、大居士、居士、信士の順で値段がちがう」として、次のように説明されている。

「葬儀料は、僧侶へのお布施、弔問客の接待費など、葬式にかなりの費用がかかるうえ、戒名まで金で買うのです。戒名は、金額によって、大居士、居士、信士などの格付けがあります」

そして、戒名の具体的な額については、「現在では、社会的に貢献のあった人や、寺の建立に寄付した人などには無料でさずける場合もありますし、寺によってもちがいますが、一般には三万から十万までのことが多いようです」と述べられている。

三万から十万という額をみると、それほど高くはないように感じられるが、この『冠婚葬祭入門』の初版が世に出たのは一九七〇年のことである。もうすでにそれから四十五年たっている。四十五年間の物価の上昇を考慮に入れれば、当時の三万、十万という額は決して安いものではなかったはずだ。

現在世に出回っている冠婚葬祭の手引きやガイドブックでも、戒名料という言葉が広く使われている。そうしたガイドブックでは、寺への支払いの表書きの例が写真入りで載せられていたりするが、そこには、はっきりと、「御戒名料」、あるいは「御法名料」と記されている。

戒名料の相場

戒名料が存在するとして、では戒名料の具体的な額はどのようになっているのだろうか。戒名料については、冠婚葬祭のガイドブックや葬祭業者のホームページなどに、その相場が掲載されている。例えば、吉田ちづ『迷ったときの冠婚葬祭贈答事典』（梧桐書院）では、次のような相場が示されている。

男性	女性	戒名料
○○院殿□□□□大居士	○○院殿□□□□清大姉	百万円～
○○院殿□□□□居士	○○院殿□□□□大姉	七十～百万円
○○院□□□□□居士	○○院□□□□□大姉	五十～七十万円
○○院□□□□居士	○○院□□□□大姉	

□□□□□□居士	□□□□□□大姉	二十～三十万円
□□□□居士	□□□□大姉	
□□□□禅定門	□□□□禅定尼	
□□□□□□信士	□□□□□□信女	十～二十万円
□□□□信士	□□□□信女	
□□童子	□□童女	三万円～

ここでは、地域が限定されていないが、一般に東京近郊地域に比べて、関西地域は割安で、七割くらいといわれている。地方ではさらに安くなる。

いま見たものでは、戒名の格によって、相場が異なることが示されているが、宗派によっても、相場は異なっている。次頁に掲げるものは、三十年以上前に『朝日新聞』(一九八四年五月十九日)に掲載されたものだが、いまでも葬祭業者のホームページなどに引用されている。

この相場は、朝日新聞社が調べたものとされてはいるが、いったいどのような方法で調べたかは、元の記事には示されていない。実はこの表は、東京国税局が首都圏の約三百の社寺を調べたところ、そのうちの九割が住職などに「ヤミ給与」などを支払

戒名料の例（単位万円、朝日新聞社調べ）

宗派	六字	九字	一〇字以上
真言宗	○○○○信士・〃信女 〜一五 ○○○○居士・〃大姉 〜二〇	○○院○○○○居士・〃大姉 〜五〇	○○院殿○○○○大居士・〃清大姉 五〇〇超
浄土宗	○誉○○信士・〃信女 〜五 〃居士・〃大姉 〜一五	○○院○誉○○居士 〜三五	○○院○誉○○○大居士・〃大姉 〜六〇 ○○院○誉○○○○清居士・〃清大姉 〜一〇〇
臨済宗	信士・信女 〜三〇 居士・大姉 三〇〜五〇	院・居士・〃大姉 五〇〜一〇〇	院殿・居士・〃大姉 三〇〇以上
曹洞宗	信士・信女 〜一五 居士・大姉 〜三〇	軒（庵）・居士・〃大姉 〜五〇 院・居士・〃大姉 〜一〇〇	院・大居士・〃清大姉・院殿・居士・〃大姉・院殿・大居士・〃清大姉 相場なし
日蓮宗	（七―八文字）院・信士・〃信女・〃大姉 葬儀、通夜の費用を含め三五〜	院・信士・〃信女 七五〜 院・居士・〃大姉 〜一五〇	
浄土真宗	二〇〜三〇		

い税金逃れをしていることが判明したことを伝える記事の中に載せられたものだった。そうした由来をもつ表が、相場を示すものとしていまでも使われていることは、なんとも皮肉なことである。

戒名料はどう決まる

実際にどの程度戒名料が支払われているかだが、東京都生活文化局が行なった調査では、一九九五年の平均が四十万二千円で、二〇〇一年が三十八万二千円だった。この調査では、最高価格も示されていて、それは二百万円であった。次に示すのは、東京の冠婚葬祭業者「くらしの友」が一九九六年と九九年に行なった調査で示された額だが、これは、戒名料だけではなく、お経料も含む布施全体の分布である。なお、日本消費者協会が二〇〇七年に行なった調査では四一万四百円だった。

読売新聞のホームページの中に、読者が個人的な相談事を投げかけ、それに対して、他の読者が書き込みをする「大手小町」というコーナーがあるが、そこでも戒名料のことが話題になったことがあった。その中では、友人が戒名料を五十万円にまけてもらったとか、祖父の戒名料は百万円だったとか、父の戒名料は三十万円だったといっ

布施料の分布と推移

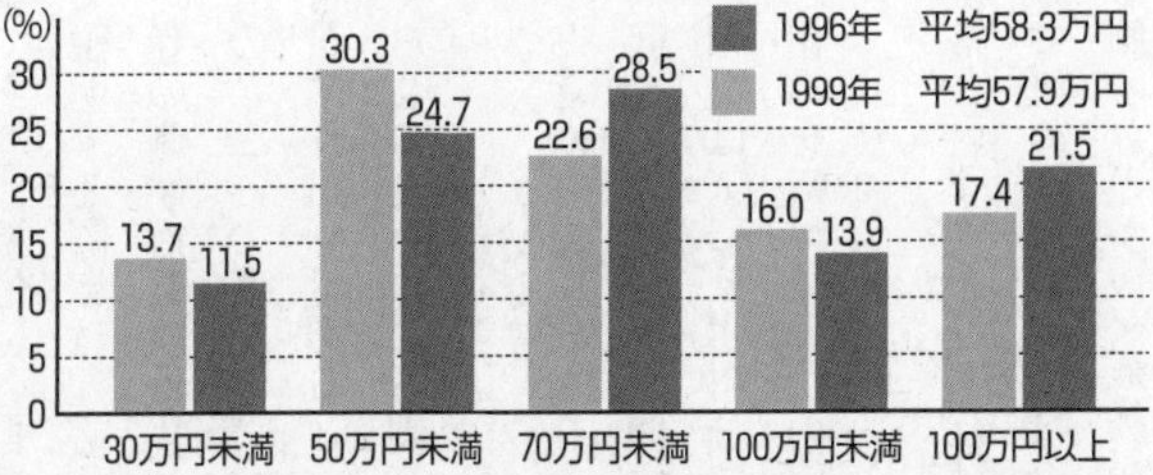

株式会社くらしの友　現代葬儀実態アンケートより

た発言がなされている。あるいは、東京青山のある寺では、戒名に四百万も払ったという話を聞いたという書き込みもあった。

バブルの時代には、私の周辺でも、多額の戒名料を払ったという例をいくつか聞いている。一つは、親戚が亡くなったときに、お寺との交渉の場で住職から直接二百万円の戒名料を提示されたという話を聞いた。また、ある大本山で葬儀を行なった人が、一千万円の戒名料を払ったという話も聞いている。あるいは、故人が生前に院号のついたいい戒名をもらう約束をしていたために、お寺から二百万円の戒名料を請求されたが、話し合いで百五十万円に値切ったという話も聞いた。

では、この相場は、いったい誰が決めるのだろうか。全日本仏教会のリーフレットでは、戒名料はあくまで布施であり、檀信徒の自発的な意思で決まるものとされている。仏教界が戒名料について説明する際には、必ずそうしたかたちで布施の自発性を強調する。だが、現実には、寺の側が戒名料を決めることが少なくない。「大手小町」の書き込みの中にも、自分のところの菩提寺では、本堂に「信士十万、居士五十万、院居士百万」という戒名料が貼り出してあるというものがあった。

「くらしの友」による調査（一九九〇年）では、次のようになっていた。

お寺から先に相場を言われた　五五・三%
詳しい人に相場を聞いた　二〇・二%
相場は気にせず自分で決めた　一三・二%
相場を知っていたので自分で決めた　二・三%

喜捨ということであれば、遺族が自発的に決めるべきものだということになるが、自分で決めたという人は全体のわずか四分の一ほどにすぎない。現実には、喜捨を受ける側のお寺が戒名料の額を決めていることになる。これでは喜捨とはいいがたい。

やはり、戒名料は戒名への対価として支払われるものなのだ。それは、一般に物を買う、あるいはサービスを受ける場合と変わらない。

浄土宗の総合研究所が一九九九年に行なった僧侶を対象とした「戒名に関する調査」では、戒名料はいくらかと尋ねられた経験について、しばしばが二二・五％、たまにが四五・八％、ほとんどないが二〇・〇％、ないが一一・七％となっていた。戒名料、院号料をもらっている寺院では、基準があるが二九・八％、目安があるが五八・七％で、概ね基準が設けられており、その基準は住職の判断によるが七〇・六％である。

この点でも、戒名料は、檀信徒の自発的な意思にもとづく喜捨とは必ずしもいえないことになってくる。やはり、戒名料は料金であり、その額を決めているのは、多くの場合、寺の側なのである。

私たちが戒名について考える際には、それを単純に仏教への信仰と結びつけてはならない。それはしきたりであり、信仰とは無関係な部分を少なからずもっている。ある寺で、ある規模の葬式をあげてもらうことの対価として、一定の戒名料が定められているのだ。

では、なぜ私たちは戒名というしきたりを生み出し、それを存続させてきたのだろうか。もし戒名が社会生活の中で一定の役割を果たしていないとするなら、これほど根強く生き残ってはこなかったであろう。私たちは、戒名の謎を解くために、戒名と社会との関係を明らかにしていかなければならない。つまり、戒名についての社会学的な考察が必要なのだ。

第三章　戒名の社会学

1　戒名による差別化

院号居士の家

私は、以前に、山梨県内のある村を対象に、地域共同体における宗教について数年間かけて共同で調査したことがあった。そこは、世帯数約四百、人口千二百というそれほど大きくはない村だったが、私たちは村内の宗教施設や祭などの儀礼、さらには運動会や出初式といった、本来宗教とは関係しないものの、地域の統合に寄与している世俗儀礼などについても、できるだけくわしく調べていった。

調査を行なうなかで、とくに私たちの興味をひいたのが、死者をめぐる儀礼や習慣の数々だった。私たちの生活する都市にくらべて、村における葬儀や法事、あるいは盆の行事などはかなりさかんだった。しかも、そうした行事は、村の中の人間関係や村会社のあり方について貴重な情報を与えてくれる機会でもあった。私たちは、死をめぐる儀礼や習慣を通して、戒名の社会的な役割についても、興味深い事実を知ることができたのである。

村には真言宗の寺院が一つあった。分家であるために、祀るべき先祖をもたない家や新参者を除いて、村の大半の家は、その寺の檀家になっていた。寺の住職に尋ねたところ、戒名は、寺への貢献度や、家格、名望などを勘案して住職が決めるとのことだった。

戒名は、四つのランクに分かれていた。男性の場合には、位の高い順に、院号居士、居士、信士、禅定門となっており、女性の場合には院号大姉、大姉、信女、禅定尼の順だった。ただし、院号居士の戒名をもらえるのは、ある種の家に限られていた。この村では有力者の家を「親分」と呼び、村人たちは個々に特定の親分と親分・子分関係を結ぶようになっていたが、院号居士は主に親分といわれる家に集中していた。私たちは、寺の境内にある墓地を調査し、墓石に記された戒名をすべて調べてみたが、院号居士（院号大姉）の墓はわずか二十数基しかなかった。最も多かったのが一番ランクの低いとされる禅定門（禅定尼）だった。寺の檀家の数は、全部で百七十軒ほどだから、院号居士の許される家がいかに少ないかがわかる。

さらに重要なことは、戒名のランクに応じて、葬儀の形態が異なってくるという点である。院号居士がつく場合には、埋葬の際に使う葬具も多くなり、大きな木の墓標を立てることもできる。葬列において参列者に金をばらまくことができるのも、院号居士に限られる。また、昔は戒名のランクが高くないと、棺桶も寝棺が使えず、立ち棺（座棺）であった。つまり、院号をもらえる家でなければ、葬儀の際にその家の威信を村人に対して示すことができないわけだ。

この村では、戒名は社会制度の中にしっかりと組み込まれている。戒名は家の格を示す象徴、シンボルにほかならない。村の中で公に認められた家しか院号をつけることはできないからだ。院号をつけることができる家は村の中の有力者であり、そうした家は経済力や政治力も兼ね備え、親分として他の村人のめんどうもみなければならない。また、祭などの儀礼の際にはそれ相応の寄付をしなければならないし、日頃から寺に対しても十分な寄進を行なわなければならない。それが、家格の高い家の義務なのだ。したがって、家格の高い家はおのずと寺への貢献度が高くなり、院号をもらう条件にかなってくる。地域共同体の中では、祭などのときの寄付といった「つきあい」が重要であり、逆に家格の高い家の威信や経済力も地域共同体に支えられている面が少なくない。院号は、そうした村の中での社会関係を明確に表現する役割を果たしている。

反対に、新しく村にやってきた人間や家格の低い家の人間が、この地域のしきたりを無視して、院号居士のついた立派な戒名をつけてもらったり、華美な葬儀を行なったりすれば、たちまちにして非難の対象になる。それぞれの家は、自分の「分」を守らなければならず、「分不相応」なふるまいは、徹底的に非難される。そうなれば、村のつきあいの中からつまはじきにされることも覚悟しなければならない。

以上が調査の結果であり、私たちは戒名の、とくにその格が社会生活の中でかなり重要な役割を果たしていることを知った。地域の中には、戒名の格に関する確固とした基準がある。第一章で、引越してきた先で戒名が院号居士からただの居士に格下げになった例があることについてふれたが、これも私たちの調査の結果から考えれば十分にありうる話だ。

戒名の格をめぐって深刻なトラブルが起こることさえある。『別冊宝島　当世死に方事情』でのインタビューの中で、藤井正雄は、次のような埼玉県所沢市での事例を紹介している。

「五、六年前ですが、こういう事件がありました。その家は東京都内の真言宗の檀家なんですが、所沢へ引っ越したんですね。ところが引っ越し先の真言宗は派が違っていたんです。でもその人にはそんなことはわかりません。それでそのまま檀家になって墓地も分けてもらい、お墓も作りました。そこに戒名を刻んだのです。それには院号がついていました。東京でその家は代々院号がついていたからでしょう。ところが所沢のお寺では、代々つづいている檀家の中でさえほんの数人しか院号は授けていない。それなのに新しく入ってきた者が院号をつけるのはおかしいと、檀家が騒ぎ出したんです」

この事件は法廷にもち込まれることになったが、示談で和解に至ったという。その家は檀家をやめ、墓の購入にかかった費用を寺が返すということで落ち着いた。この事例は、現代においても、人々が地域共同体における身分秩序が乱されることをあいかわらずよしとしないことを示している。院号は、地域共同体の内部において、家の「格」を明示する機能を果たしている。戒名は世俗的な価値と強く結びついているのだ。

戒名の差別性

戒名が世俗社会における身分秩序と強く結びついている点については、「差別戒名」と関連させて考える必要がある。差別戒名とは、被差別部落の人たちに対して、「畜男」「僕男」「禅革門」「僕女」「革女」といった、ひと目で部落出身者であることがわかるような戒名がつけられていたことを指す。各地でその実態が紹介されることによって、差別戒名にあらわれた、差別を助長する仏教界の姿勢が糾弾の対象となってきた。木津譲の「『戒名』にあらわれた宗教の差別性」（部落解放研究所編『宗教と部落問題』部落解放研究所）という論文の中には、次のような事例が紹介されている。

「差別戒名が問題になってからのことである。長野県の飯山市で字の読めない被差別部落のおばあちゃんに、先祖の墓石に刻まれた戒名を前にして、みんなが『これは差別戒名だ』と教えた。ところが、おばあちゃんは『そんなことはない。これはうちのお寺の和尚さんがつけてくれた戒名だから、そんなことはない』と言って、なかなか信用してくれなかった。逆に、おばあちゃんは、みんなに向かって『あんたらは、わしが字が読めんからといって馬鹿にしているんだろう。ウソを言うな！』と怒り出してしまった。しかし、そのうちに多くの人たちから、そのいわれを説明され、差別戒名だと教えられると、こんどは仏教と寺の坊さんに腹を立て、その怒りのあまり、永年にわたって花を供え、線香を供えて拝み続けてきた先祖の墓石を土の中に埋めてしまったのである」

差別戒名は、現世での差別をそのままあの世にまでもち込んだものである。この引用の中に登場した老婆は、仏教が説く浄土が平等な世界であると信じていたことであろう。現世での差別が、せめても死後の世界で解消されることを望んだのだ。ところが、その期待は裏切られた。墓石に刻まれた戒名は、死者を明らかに差別していた。しかも、戒名は永遠に変わらない。墓石をひと目見ただけで、死者が被差別部落の人間であることがわかる。さすがに現在においては、批判が強い差別戒名は仏教界でも問題にされ、それに対する反省の動きも活発化した。

ただ、ここで一つ強調しておかなければならないのは、差別戒名がかなり最近まで存在したということである。明治四（一八七一）年には「解放令」が出され、賤民という身分は法的、制度的にはなくなったものの、翌年に作られた「壬申戸籍」では、被差別部落の人間を「新平民」と記載した場合があり、差別は継続され、差別戒名が墓石に記されることもあった。

戦後になっても、墓誌に差別戒名がつけられた事例があり、長野県で一九八〇年に立てられた墓誌に、差別戒名が記されていた（大阪人権博物館、解説シートより）。差別戒名の問題は、院号による死者の差別化の問題とあわせて考えなければ、その本質は見えてこない。

全日本仏教会が作成したリーフレットでは、「戒名・法名は、仏・如来の弟子となって世俗の名を捨てた上で、あらたに仏教の歴史を貫く絶対平等のサンガ（仏法帰依者の和合集団）からたまわる名であると同時に仏道に導かれた縁の深さと尊さにうなづきながら、自らが名乗る名であります」と高らかに宣言されている。

だが、戒名には厳然と差別が存在し、絶対平等という言葉にはまったくそぐわない。院号のついた戒名にしても、差別戒名にしても、それはともに現実の社会における地位や身分関係を基盤としている。戒名は、そうした社会的な構造を無批判に肯定し、それ自体きわめて差別的な性格をもっている。

戒名に格、ランクがあるかぎり、どうしてもそこに差別が生じてくる。院号だけを見ていると、そのあたりの事情がはっきりとは見えてこないのだが、院号によるランクづけを差別戒名と結びつけて考えてみるとよくわかる。差別戒名は、まさに院号の裏返しなのである。戒名におけるランクの存在自体を問題にしなければ、差別戒名の問題に対する根本的な解決は不可能である。

その点で、戒名をキリスト教のクリスチャン・ネーム（洗礼名）と同一視することはできない。信仰の証として与えられるものだと考えれば、両者はたしかに似ている。しかし、キリスト教では、パウロよりペテロの方が格が上だとか、マリアの方がベルナデッタよりもいい名前だとかいう区別はない。名前の違いによって、死者のランクを分けるようなことはない。まして、教会への献金の額の違いによって、洗礼名が変わるということはない。戒名とクリスチャン・ネームを同一視することは、戒名のもつ差別性を隠蔽することになるのだ。

2　戒名と社会的威信

身分秩序のシンボル

私たちが調査した村がそうだったように、日本の伝統的な社会では院号居士をもらえる家は一部に限られていた。ではいったい、この院号とはどういったものなのだろうか。

院号の院は、本来建物を意味しており、寺に建物などを寄進した人間に与えられる称号だった。そして、寺を維持するための費用を捻出するためにあわせて土地が寄進され、それが僧侶の生活を支えた。だから、はじめは、院号あるいは後に生まれる院殿号は貴族や武家にのみ限られていた。

村においては、かつての貴族や武家ほどの財力をもつ者はいないが、基本的な事情は変わらない。私たちの調査でも明らかなように、村で院号をもらえる家は、いずれも村の有力者たちである。彼らは、その経済力によって村の寺を支えていく役割を負っている。彼らは寺のスポンサーなのである。彼らにとって寺への寄進、貢献は義務であり、本堂の改修が必要な際には、その費用をまかなわねばならないのだ。

有力者の家に院号が与えられることによって、今度は院号が有力者を示すシンボルとしての役割を果たすようになっていく。院号をもらえる家ともらえない家とは、明確に区別されているからである。墓石に刻まれた院号は、村の中に確固とした身分秩序が存在することを無言のうちに表現し、明示している。それは、身分秩序の安定に寄与している。

すでにふれた戒名の格下げや、院号をめぐる地域でのトラブルが生じるのも、以上のことが関連する。何かの偶然で急にはぶりがよくなった家が、その勢いにのってかってに戒名のランクを院号に上げたりすると、それまでの身分秩序が崩れてくる。そのために、他の村人から激しい非難を浴び、村八分の制裁を受けることさえあるのだ。地域共同体では、成り上がりに対して周囲の目は厳しい。それは、地域の中での急激な身分秩序の変化を許さないためであろう。戒名に象徴される家の格は、地域社会の安定に寄与するという役割がある。

なぜ、戒名がそうした役割を果たすようになったかについては、歴史的な経緯を考えなければならない。その点については、次の章で見ていくことになるので、ここでは戒名が身分秩序の安定に寄与している点だけを確認しておきたい。

院号のインフレ化

ところが、社会の変化によって、戒名をめぐる状況も変わってきた。最も大きな特徴は、院号がインフレ化し、院号をもらう家が増えてきたことにある。こうした変化について、ある真言宗の僧侶は次のように語っている。

「昔は信士、信女を用いましたがご時勢で民主主義ですからな、誰でも良いのを欲しがる。したがって、このあたりでは、大部分が居士、大姉です。特に求められたときには院号もお付けします」

そして、院号については次のように説明する。

「ご存じの通り、天皇さんの退位後のお住いですから、やたらにはつけられません。

しかし、戦後、一般的になりました。戦時中は（国の方針で）少将以上に院殿号がつくことになって、それ以後、院号も庶民階級層までくだってきたのです」

また、本門法華宗の法務部長は、院号を用いるのは、「戦時中、軍部の政策で戦死者に院号を付けるようにされたことの名残り。それ以前、院などほとんど使わなかった」と述べている（以上は『戒名よもやま話』を参照）。

どちらの見解も、戦争の影響を指摘している。国のために戦って命を落とした人間に対して申しわけないと感じるがゆえに、せめても戦死者に院号なり院殿号なりを与える習慣が一般化した。しかし、そうした院号のインフレ化の傾向は戦後にも引き継がれた。戦後においては、戦死者は新たには生まれない。にもかかわらず、院号が庶民に広まったとしたなら、これとは別の要因を考えなければならない。

ある調査によれば、一般の霊園にある墓に、院号居士や院号大姉といった戒名が出現するのは、明治になってからのことだという。それでも明治時代には、院号のついた戒名の全体に占める割合は、一八％にすぎなかった。

それが、大正時代には二〇％とわずかながら増えている。そして、昭和十、二十年代には、戦争の影響があったものと思われるが、その割合は一〇%に落ちている。院号のついた戒名が飛躍的に増大するのは、戦後の高度経済成長期以降のことである。昭和三十、四十年代には、院号のついた戒名の割合は、五五%と半数を超え、昭和五十、六十年代には、六四%、そして、平成に入ると、六六%にも達している（近藤昭男「戒名の発生」放送大学卒業論文）。

東京や大阪が世界屈指の大都会に成長してくるにあたっては、農村部から大量の人間を受け入れてきた。彼らはほとんどが農家の次三男であり、故郷では家を継ぐ立場にはない人間たちだった。そのため、都会の彼らの家には祀るべき祖先がなく、仏壇がなかった。

やがて、その家の主人が亡くなる。彼は、新たに家をおこした功労者であり、その家の最初の「ご先祖さま」にほかならない。残された家族は、その功に報いるために盛大な葬儀を営もうとするが、その際に故郷でのしきたりが思い出される。村では、格の高い家なら院号がもらえるのだ。わが家の「ご先祖さま」も、都会へ出てきて数々の苦労を重ね、立派に家をおこしたではないか。そこには、故郷の村の人たちを見返してやりたいという気持ちも混じっていたであろう。

都会では、院号に関してあまりうるさいことは言われない。永年寺に貢献を続けてきた実績がなくても、それなりの額の戒名料を払えば院号がもらえる。死者のために立派な戒名をもらってやることも、「供養」の一つになる。そこに、誰もが院号をもらおうとする風潮を生む下地があった。戦時中に、戦死者に院号を乱発したことも、その風潮を許容することに結びついたのである。

さらにバブルの時代が、それに追い打ちをかけた。前の章でもふれた「くらしの友」が行なったアンケート調査によれば、バブル前の一九八三（昭和五八）年に、葬儀の際に寺など（神社やキリスト教の教会を含む）に支払われる費用は、平均して四十万四千円だった。なお、この中にはお経料と戒名料の両方が含まれる。それがバブル期の一九八七年には五十四万八千円に増え、バブルが頂点を迎えた九〇（平成二）年には七十四万五千円にまで上昇した。

バブルがはじけても、寺に支払う費用は増え続け、一九九三年には七十五万六千円にまで達した。その十年前に比べて、二倍弱に増加したことになる。葬儀にかかった費用も、八三年には全体で二百八万六千円だったのが、九三年には四百五万円に上昇している。やはり二倍弱の増加である。

さすがにその後はバブル崩壊後の不況が続いたため、布施の額は減っていき、一九九六年には六十八万七千円（葬儀費用は三百八十五万円）となった。ただし、九九年には七十万六千円（同三百六十六万七千円）とふたたび上昇に転じている。バブルの時代を経て、寺に支払う費用は大幅に増え、バブルがはじけても、それほどは減っていない。少なくとも、バブル前の水準には戻っていない。

バブルの時代には、第一章でも見たように、大規模な葬儀が行なわれ、それは社会的なイベントとして人々に強い印象を与えた。そうした大規模な葬儀の場合、故人には最上級の戒名がつけられ、莫大な額が戒名料として支払われた。それが、戒名料の相場を一気に押し上げ、格の高い戒名を求める風潮を強めた。バブルが崩壊することで、その傾向に一応の歯止めがかかったものの、バブル以前に戻ったというわけではないのである。

盛大な葬儀

儀礼というものは、そもそも実際的な必要を満たすためだけのものではない。例えば結婚式の場合に、ホテルなどで豪華な披露宴をしなくても、二人で式を挙げるだけでもかまわないはずだ。さらにいえば、結婚式自体を行なわなくても、法的には何の問題もない。婚姻届さえ提出されていれば、結婚は認められる。

最近では、結婚式を派手にしない「ジミ婚」が増えており、結婚式に関する専門情報誌『ゼクシィ』が二〇一二年に行なった調査では、全国平均で費用の総額は約三四三万八千円だった。以前に比べると額はかなり減ってきているが、依然として結婚式にはかなりの費用がつぎこまれている。

もともと、放置していれば、儀式というものは派手になる傾向がある。そのために、私たちの調査した村では、「新生活運動」を展開し、村人同士のつきあいを簡略化することが目標とされていた。その運動の申し合わせ事項は、次のとおりである。

一、葬儀は厳粛で質素に、生花、果物籠は一対以内。
二、お通夜の酒の肴は、生ものは避け、ごく簡単な精進料理やおつまみ程度。
三、お汁の実代（小袋代）は廃止する。
四、香典返しは砂糖もしくはお茶等、千円程度。
五、葬儀の準備、片付けをする婦人に対する金品の謝礼は廃止。

六、新盆見舞いの包み金は一般千円、御返しは廃止。
七、結婚披露宴の二次会は禁止。
八、入学祝いの禁止。

この申し合わせがどの程度守られているかはわからなかった。つきあいの簡素化はかなり難しいようだが、申し合わせの中で葬儀に関するものが多いことが注目される。一から六は、葬儀に関連している。儀式の中でも、とくに葬式は派手なものになりやすい。葬儀が晴れの舞台だというのは、不謹慎に聞こえるかもしれないが、周囲の人たちは葬式に注目する。立派な葬式を出すことは、その家のプライドを示すことになる。この村で、もしも院号をもらう家が粗末な葬式しか出せなかったとしたら、地域からどう評価されるだろうか。「あの家もずいぶんと落ちぶれたものだ」という評判が即座にたつことだろう。

プライド、威信を示すために、葬儀が派手になり、豪華なものになっていくのは、都市においても変わらなかった。派手な葬儀を批判する声は上がったものの、かなり最近になるまで、現実には、葬儀の簡略化はあまり進まなかった。逆に、好景気が続くと、とたんに葬儀を立派なものにしようとする傾向が強まった。霊柩車や祭壇が派手になり、鳩を飛ばすといった趣向がとり入れられたりもしたのだ。

そして、バブル期のように葬儀が盛大なものとなれば、戒名も自然に立派なものとなってくる。石原裕次郎、美空ひばり、五島昇の葬儀がいかに盛大なものであったかを見てきたが、彼らの戒名もそれぞれに立派なものだった。戒名の格と葬儀の規模とは正比例の関係にある。大会社の社長が、△△□□信士では具合が悪いということであろう。せめて、○○院△△□□居士、できることなら、○○院殿△△□□大居士をもらいたいという希望が出てくるのだ。

こうした事情は、先の村でのことを考えてみれば納得がいくだろう。戒名の格は身分秩序の反映であり、故人の社会的な威信なりプライドなりを象徴するシンボルなのだ。

故人の業績の顕彰

院号などの格の高い戒名が求められるのは、もっぱら現実の社会生活における都合が優先される結果である。戒名は故人の生前の業績を顕彰するための象徴としての役割を果たしている。そして、同時に、故人の家の威信を示す役割も担っている。それは必ずしも仏教への信仰とは結びつかない。戒名が浄土への生まれ変わりを祈念するものだとはいっても、その格は世俗的な価値観によって決定されている。戒名料がじつは「名誉税」だという意見もあるが、それもうなずける。

文化人類学者たちが指摘するところによれば、どんな社会においても、社会的に地位の高い人間は、同じ社会に属する仲間に対して、自分の「気前のよさ」を示す必要があるという。自分だけで財産をためこんでいたりすると、ケチな人間として非難される。そのために、自分の財産を仲間にほどこしたり、祝宴を開いて蕩尽する儀礼的な機会をもうけたりする。もちろん葬儀も、そうした儀礼的な機会の一つとなりうるわけで、社会的に身分の高かった人間の葬儀においては、盛大な儀礼を通して仲間に恩恵をほどこすことが行なわれている。こうした人類学の発見に照らして考えてみるならば、葬儀を盛大なものにしようとする志向は、かなり根が深いものだといえる。

戒名は、死者や死者を祀る家の威信を長期にわたって公に示す象徴、シンボルとして恰好の道具となる。盛大な葬儀に立派な戒名が登場するというだけではない。戒名は、葬儀が終わっても、いつまでも残る。位牌に刻まれ、墓に記されることによって永続性をもつ。年忌法要のときにも、経文をあげる際に、死者は戒名によって呼ばれる。いくら棺を立派にして、葬儀を派手にしても、それはその時だけのことにすぎない。ところが、戒名は後の場面においても再三再四登場し、年忌法要などの儀礼の規模を決定したりもする。その影響は後々までもおよんでいくわけだ。だからこそ、多額の戒名料を払ってでも格の高い戒名をもらおうとする人間が現われるのだ。

戒名をもらうかもらわないかは、信仰によって選択されるのではなく、あくまでしきたりとして慣習化されている。戒名が身分秩序を映し出す鏡としての役割を果たすためには、位の高い戒名をもらう人間ばかりでなく、低い位の戒名をもらう人間もいなければならない。みんなが戒名をもらわなければ、その中での優劣に意味はなくなるからだ。そこに、戒名を存続させようとする力が働くことになるわけだが、この問題については、改めて第六章でふれることによう。

戒名への批判

戒名について、これまで疑問の声が上がってこなかったわけではない。例えば、朝日ジャーナル編『現代無用物事典』（新潮文庫）では、戒名を「無用物」の最初にあげている。この本の中では、すでにこれまで述べてきたように、戒名料が高いこと、値のはる戒名をかかえていると法事や寄付の額が高くなることなどが指摘されている。そして、檀家制度が崩れたために寺院の側が財源を確保する必要があることと、「死者に戒名は不可欠」という社会通念が、戒名を支えている点についても指摘されている。さらに、戒名は「必需品」ではなく、いらないと思えば宗派不問の霊園墓地を買うという手があり、どうしても戒名がほしいなら生前に授戒会で戒名をもらっておけば安くすむ、というアドバイスも行なっている。

また、戒名が仏教業界の莫大な財源になっているとして戒名を批判し、自分の信徒には生前タダで戒名をつけているという、無宗派の平等山福祉寺の松原日治住職（現在は退職し、奥之院住職をつとめる）の実践が紹介されている。松原住職は、「いまや、戒名を受ける方も授ける方も、ともに狂っているとしか言いようがない」と断言している。松原住職は、説法を聞いてもらう条件で、葬儀や法要もいっさい無料にするという徹底ぶりで、戒名については、平等を旨としてすべて院号居士とし、平等院○○△△居士（大姉）といった戒名を与えるようにしている。松原住職は、戒名が無用だと言っているわけではなく、それが信仰と離れたものになっている点を批判している。

平等山福祉寺では、ホームページ（http://www7.ocn.ne.jp/~fukusiji/）を開設しており、戒名を希望する人間には、入会金一万円、年会費千円（五年分前納）の合計一万五千円で戒名を授与している。福祉寺は、どこの宗派にも属さない単立の宗教法人で、そのためどの宗派の戒名でも授与している。

また、『現代無用物事典』では、仏教研究家の梅原正紀の、次のような戒名についての憤りを紹介している。

「たった一行の戒名で一千万円。それもトラの巻を見て二、三分でつけてしまう。こんな高い原稿料がありますか。都会のお寺はふだんお客がいないものだから、たまにきた客からは徹底的にボる。キャッチバーと同じです。それに、仏教を信じてもいない人に戒名をつけるのは、詐欺ですよ」

たしかに、戒名をつけるには費用はまったくかからない。しかも、すでに紹介したように、戒名をつけるための僧侶向けのマニュアルさえ刊行されている。以上のような戒名への批判は、私たちが抱いている疑問と共通する。たんに、故人の社会的な威信を誇示するものであるならば、それを廃止してしまってもいいように思える。そのほうがはるかにスッキリするにちがいない。しかし、ことはそう簡単にはいかないのだ。

私たちは主にここまで、戒名をもらう側にとっての戒名の意義を考えてきた。その点についてはかなり理解できたように思う。しかし、戒名を与える側、つまりはお寺の側にとって、戒名がどういう意味をもっているかについては考えてこなかった。じつは、その点を見ていかなければ、戒名の全体像は理解できないのだ。

3　寺院にとっての戒名

重要な収入源

戒名料は寺院の収入となる。それは、戒名をつける資格を寺の住職がほぼ独占しているからだ。『戒名よもやま話』では、各寺院に、檀家が戒名を自分でつけた場合、それを認めるかどうかをアンケートしている。それによれば後から仏語を入れて修正してやるというところもないではないが、原則としては檀家の側がかってに戒名をつけることは認められていないことがわかる。戒名をもらうには、寺に頼むしかないというわけだ。

では、戒名料はどこへいくのだろうか。またそれは、何に対する費用なのだろうか。その問題について、藤井正雄は、次のように説明している。

「一般の人はお坊さんにあげた、と思っていますが、そうではありません。それは教団、つまり御本尊に捧げられるのです。

そこでお金はどのように使われるかですが、最近のお坊さんはほとんど月給制になっています。住職だってかすみを食べて生きているわけではありませんから。だから集まったお金の中から生活費をとって、給料をもらっている形になります。光熱費とか電話料とか、どこまでが宗教上使用したお金であるか、税務署との話し合いによって免除されてはいますが、個人所得についてはちゃんと税金も取られているのです。

これは税法上の問題ですから各宗派とも同じです。ただ宗教法人は会計監査を受けません。利益法人ではないので無税となっていますからね」

戒名料は、いったん寺の収入になる。寺院も宗教法人の一つで、法人格をもっている。住職は、いわばその寺に雇われたかたちになっていて、宗教法人から給与の支払いを受ける立場にある。独立性の強い一部の寺院を除いて、各寺はそれぞれの宗派の本山と結びついており、定められた額を本山の方に納めなければならない。戒名料の一部も、それに充てられることだろう。

現代では寺院が法人になり、本山との関係も複雑になっているが、寺が檀家によって経済的に支えられている点に変化はない。したがって、その寺の経済的な富裕度は、どれだけの檀家を抱えているか、その檀家がどれだけ経済的な援助を行なってくれるかにかかってくる。寺の収入の多くは、葬祭儀礼による。葬式、年忌法要、彼岸会、施餓鬼会の際のお布施や戒名料が主要な収入となる。檀家の数が少なければ、葬送儀礼の機会も自然と減り、収入も限られたものとなってしまうのだ。

家業としての寺

現在、農村部では、過疎化によって檀家が減り、維持が困難になった寺も少なくない。そうした寺では、僧侶が生活のために都会に出ていってしまい、無住化（住職がいなくなること）が起こっている。無住化しないまでも、宗教活動による収入だけでは住職の生活を維持できない寺は無数にある。

寺関係の人の話によると、三百軒程度の檀家がないと「専業寺院」というわけにはいかないらしい。檀家の少ない寺では、住職は学校の先生や役場の職員を勤め、週末や葬式のときだけ住職の仕事を行なっている。職場を定年退職するまでは普通に勤め、退職後は住職に専念するという場合もよく見られる。それは、いってみれば「兼業寺院」なのだ。

本山や由緒のある名刹の場合には違うが、多くの寺は実質的に世襲によって維持されている。住職は親から子へと受け継がれていく。それはちょうど開業医や一般の商店、町工場、同族会社などの場合と同じだ。その意味では、寺も「家業」の一種だということになる。

仏教ではもともと妻帯は許されていなかった。だからこそ、僧侶になることは「出家」と呼ばれた。ところが時代の変化とともに妻帯が一般化し、明治以降は法律的にも妻帯が許されるようになった。僧侶の職が家業となったのも、そうした歴史の流れとかかわっている。

家業であれば、家を維持していく必要が生まれる。後継者をどう育てるかが大きな問題となってくる。子供が家を継いでくれるとは限らない。他の職につきたいという希望をもっていることもある。あるいは、子供が生まれなかったり、男の子に恵まれなかったりということもある。また、幸いにして、子供が住職になってくれるという場合でも、一般にはその宗派の経営する大学に入学させなければならない。僧侶の資格には段階があり、大学を卒業しているかどうかで、資格が変わってくるからである。もし、宗派の大学へ行かなければ、特別の修行が義務づけられる。そのために、教育費の心配もしなければならない。

したがって、本来「出家」して家を持たないはずの寺の住職にも、家庭についての「悩み」が少なくない。寺を維持し、後継者を育てていくことを絶えず考えていかなければならないからだ。収入を増やすために、幼稚園や駐車場を経営したり、墓地を作ったりといったことを事業としてやる場合もある。葬送儀礼を中心とした宗教上の収入だけで成り立つ寺院というのは、かなり幸運な例なのかもしれない。現在では、『月刊住職』といった専門誌も刊行され、寺院経営のノウハウについて教えてくれるようにもなってきた。

経済基盤の喪失

現代の社会においては、昔と違って生きていくためだけにも相当の金がいる。そうした社会の中で、経済的な利益を追求することを主たる目的としない寺院が生き残っていくことは、たしかに難しい。寺院が、宗教活動以外の事業に手をのばし、経済的な利益を追求する方向に進むのも、ある意味ではいたしかたないことである。

寺院の維持や経営をさらに難しくしているのは、たんに住職一家の生活を維持していくだけでは済まないからだ。寺には、本堂をはじめとする各種の建物や、境内地、墓地などがある。その維持や改修にも莫大な費用がかかる。いくら経済的に苦しいからといって、本堂なしというわけにはいかない。儀礼を行なう場所として、人の多く集まれる建物は不可欠である。そうした建物を建てたり補修したりする費用を捻出するてだてを講じておく必要がある。

昔は、寺院というものは、貴族や武家が寄進して建てるものだった。しかも、その寺を維持していくための費用を賄うために、田畑が寄進され、そこを小作させて得た金が寺の収入となるシステムができあがっていた。そうした土地は「寺領」と呼ばれた。村にある寺の場合にも、村の有力者が土地を寄進し、寺は地主としての収入を確保していた。また、建物の建設や改修には村人総出であたるという体制もできあがっていた。要するに、かつての寺院には、葬送儀礼からの収入をあてにしないでも成り立つだけの経済的な基盤があったのだ。

歴史が進むにつれて、その基盤はつぎつぎと崩されてきた。とくに、決定的な影響を与えたのが、明治維新後の寺領の没収と第二次世界大戦後に行なわれた農地解放である。一八七一（明治四）年に、境内地を除く寺領が上地を命じられ、寺の経済を支えていた寺領は取り上げられてしまった。また、当時は廃仏毀釈の動きが起こって、寺がつぶされたり、統合されたりといったこともあった。仏教寺院は、こうした時代の変化によって、相当に痛手をこうむったのである。

さらに、農地解放が追いうちをかけることとなった。農地解放によって、自分で耕作せず小作に出していた農地が、耕作者のものとなった。小作地は一ヘクタール（北海道では四ヘクタール）に制限された。このため、寺の住職個人が所有していた小作地まで奪われることとなり、所有していた土地の小作料によって生活を維持していた住職一家の生活費を、寺院の収入の中から捻出しなければならなくなってきた。こうして、各寺院は安定した収入の基盤を失ってしまったのである。

現在の仏教寺院が、葬祭儀礼の収入に依存しなければならなくなったのも、土地という安定した経済基盤を失ったからである。たとえ、農地解放が行なわれなくても、寺院に土地を寄進するということ自体はかなり難しくなってきている。とくに地価の高騰が進んだ現在では、いくら信仰が篤くとも、土地の寄進はほとんど不可能である。

戒名の経済学

恒久的な安定した経済基盤を失った寺院は、別に収入の道を確保していかなければならない立場におかれた。収入の道を別に考えるといっても、寺院はもともとその手段をもっていない。寺院は宗教施設であり、信徒からの寄付や寄進に期待するしかないのだ。しかし、限られた数の信徒からの寄付に頼っていては、とうてい十分な金額を集めることはできない。そのために、どうしても葬送儀礼からの収入に頼らざるをえないということになってくる。

寺と一般の人々との結びつきは、ほとんどの場合、死者を媒介にしている。死者を供養してもらうということがなければ、寺と関係をもつことはまずない。そして、戒名のランクの高い低いで、葬式の規模が決まり、お布施の額が決まるとすれば、寺の側は院号を比較的簡単に与えてしまうのではないだろうか。寺院の側にたてば、与えざるをえないというべきかもしれない。ましてそれは、すでに述べたように、位の高い戒名を求める一般の人々の要請にうまく合致している。

したがって、戒名料が高いのは寺院だけの責任ではないという理屈も、それなりに筋が通っている。例えば、『葬儀大事典』（鎌倉新書）の曹洞宗の戒名の説明では、「釈尊の下では全部平等の釈氏であるのに、死後も生前の俗界差別を持ちこむのは不合理だという説もあるが、寺院経済維持のためと、年中競争好きな国民性からやむをえない」と説かれている。おそらくこの文章は、曹洞宗の僧侶の手になるものであろうが、宗派の側の本音が出ていると思われる。要するに、戒名をもらう側の競争心という心理的、社会的な欲求と、与える側の経済的な動機とが一致したところに、格の高い戒名への需要が生まれ、それが多額の戒名料へと結びついているのだ。

戒名料の多くが寺院によって決定されてきたのも、仏教寺院が葬送儀礼からの収入に、よりいっそう依存しなければならなくなってきたからである。戒名のランクが上がれば、戒名料自体の額が増えるだけではなく、葬式のときのお布施や、さらには年忌法要の際のお布施の額も上っていく。本堂の改修費用だって、いい戒名を授けた檀家に期待することができる。要は、お寺の経済が、戒名に反映しているのだ。

現在のお寺をそのまま維持していくというのであれば、どうしても戒名料に頼らざるをえない。あるいは戒名にランクをつけ、檀家の差別化をはかっていかなければならない。こうした仏教寺院のおかれた現在の状況を踏まえると、高額な戒名料に対しても、そう単純には批判できなくなってくる。お寺が維持できなくなれば、檀家のほうも困ってしまう。菩提寺がなくなってしまえば、誰に葬式を頼めばよいのだろうか。墓はどうすればいいのだろうか。現在の戒名をめぐる状況を批判するなら、そうした点についても考えなければならないのだ。

第四章　戒名の歴史学

1　仏教の歴史と戒名

インドの仏教における戒名

私たちは、前の章で、戒名の社会的な機能についてみてきた。仏教式の葬儀システムは、社会的に地位の高い人間の威信を公に誇示するための儀礼的な場であり、戒名はまさにその象徴、シンボルであった。そこに格の高い戒名への需要が生まれた。また、戒名が寺院を維持するうえで重要な役割を果たしていることから、仏教寺院の側にも戒名の制度を存続させておく必要性が出てきた。戒名に対する批判があっても、この制度がなくならないのは、そうした現実的な要請にもとづいている。

　ではなぜ、戒名にそうした機能が要求されるようになったのだろうか。また、どうして仏教が、もっぱら葬送儀礼を行なうための宗教へと変容してしまったのだろうか。私たちは、戒名について議論を進めるためには、この問題についても考えておく必要がある。戒名は仏教の教えの中で、どういった意味をもっているのだろうか。それは、私たちが一般的に考えていることと、はたして一致しているのだろうか。

　私たちはまずはじめに、戒名という考え方が生まれてくる過程、その歴史を追ってみたい。というのも、仏教がインドに誕生した時点では、戒名それ自体が存在しなかったからだ。戒名の制度は、仏教が中国を経て日本へ伝えられてくるなかで確立されてきた。しかし、中国と日本では、社会における仏教のあり方は大きく違っている。中国では、仏教は葬送儀礼と結びつくことはなかった。したがって、日本において仏教がどうして葬送儀礼と関係をもつようになったのかを考える必要がある。さらに、仏教式の葬送儀礼が民衆の間に定着した要因も明らかにしなければならない。

　仏教の開祖は釈尊である。もし、この釈尊が現代によみがえり、日本における仏教の現状にふれたとしたら、いったいどういう反応を示すだろうか。まず、僧侶が妻帯したり、酒を自由に飲んでいることに驚くにちがいない。また、その僧侶がもっぱら葬送儀礼を営んでいることにも驚くことだろう。そして、戒名の存在を聞いたとしたら、大いに首を傾《かし》げるのではないだろうか。

それほどまでに、釈尊の時代の仏教と現代日本の仏教とのあいだには距離がある。その二つを取り出して比較してみるならば、両者がはたして同じ宗教なのだろうかという疑問さえわいてくる。では仏教とは、もともとどういった宗教だったのだろうか。

出家者の宗教

仏教は、インドに生まれた宗教であり、キリスト教、イスラム教とともに世界の三大宗教の一つに数えられている。仏教は、南アジア、東南アジア、東アジア、さらには西アジアへと広がっていったが、不思議なことに生誕の地インドでは根づかず、やがては民族宗教であるヒンドゥー教の中に吸収されてしまった。

インドにおける仏教の特徴は、それが出家者のための宗教だったところにある。開祖である釈尊自身が、出家者、つまりは家庭を放棄して修行の道に入った人間だった。ただし、歴史上の人物としての釈尊の生涯についてはほとんどわかっていない。残されているのは、伝説化され、神話化された釈尊の歩みだけである。その意味で、釈尊の生涯は理想化されたモデルとしての性格をもっていると考えたほうがよいのかもしれない。それは、インドの人たちが何を理想としたかを示している。そうしたことを念頭におきながら、釈尊の生涯を見てみる必要がある。

釈尊は、王族の家に生まれ、結婚して子供をもうけ、なに不自由ない暮らしをしていた。しかし、人間にとって避けることができない生・老・病・死の問題について深く悩み、ついには家を捨てて、修行者としての道を選ぶ。釈尊は、ヨーガ行者のもとで修行に励み、苦行に勤《いそ》しんだが、悟りを得ることはできなかった。そして、菩提樹の下で瞑想に入り、欲望の世界の支配者であるマーラの誘惑も退けて、人間の苦悩の根源が根本的な無知にあると悟ったのだった。

悟りをひらいた釈尊は、最初、この真理（法）があまりに難解であって一般の人には理解できないと考え、法を説くことを断念しようとした。しかし、ブラフマンの神（梵天）に懇願されて、説法の旅に出ることとなった。以来、釈尊は生涯にわたって説法に専念し、八十歳にして永遠の涅槃《ねはん》に入ったとされている。

悟りをひらいた釈尊は、苦行を否定したとされるが、生涯出家者としての道を歩んだと考えられる。そして、釈尊の教えを直接聞いた弟子たちも、同じ出家者としての生涯を選択し、出家者だけからなる集団を作った。それが「サンガ〔僧伽〕」と呼ばれる集団である。このサンガから、戒名と深いかかわりをもつ「戒律」が生まれてきた。戒律については、すでに第二章でふれた。

インドにおける仏教は、修行者が釈尊の到達した悟りを目指して修行を重ねていくことを基本としていた。修行者たちは出家し、剃髪してサンガに加わったが、みな「シュラマナ〔沙門〕」と称し、俗名を使った。サンガに加わる際に、俗世間での名前を捨てて改名するということはなかった。要するに、戒名はなかったのだ。

そして、在家の信徒たちがサンガの出家者を支えていた。出家者には生産労働が禁止されていたために、在家の信者からのお布施に依存せざるをえなかった。出家者たちは修行に専念し、釈尊の教えを在家の人間たちに伝えることを役割としていた。

インドにおける仏教は、悟りへ到達するという課題を中心に展開していた。悟りに達することによって輪廻から脱する、つまりは解脱することが目指された。そのために、仏教が葬送儀礼とかかわることはなかった。死という苦の問題について考えをめぐらすことはあっても、死者を弔うことには関心を寄せていなかったのだ。

したがって、インドで生まれた数々の経典の中に、戒名についての説明を求めても無駄である。戒名についてふれた経典は存在しない。また、葬送儀礼にしてからが、経典の中に根拠を求めることはできないのである。

こうした生まれたばかりの仏教、つまりは釈尊が直接説いたような教えだけに話を限ってしまえば、戒名も仏教式の葬送儀礼も、いっさいが釈尊の教えとは無縁なものとなってくる。それらが仏教の教えと何の関係もないのだと断言してしまってもかまわないことになる。もちろん、そうした考え方をとれば、仏教のその後の展開をすべて否定してしまうことになるが、その展開は事実としては認めざるをえないのだ。

戒名の根拠が釈尊の教えの中にない以上、インドの仏教についていくら考えても戒名が生まれた原因はわからない。しかし、戒名が釈尊の教えにもとづくものではないことだけは確認しておく必要がある。

2　中国での変化

中国における仏教の受容

仏教が、日本へ伝えられるのは、中国、朝鮮半島を経由してのこととされている。

そして、中国文化の影響を受けた仏教は、そこで大きく変わっていくこととなった。というのも、仏教が受け入れられる以前に、中国では儒教や道教といった教えがすでに深く社会に浸透しており、中国の人たちは、仏教の中から自分たちに必要と思われる部分だけをとり入れたからだ。道教にもとづく神仙思想と結びつけて仏教の教えが解釈された例に、老子の化胡説と呼ばれる考え方があった。これは、道教の開祖である老子がインド(胡の国)に行って釈尊になったという、かなり荒唐無稽な説なのだ。

戒名という考え方も、中国の習慣が下敷になっていた。実名のほかに字《あざな》を持つという中国の習慣が転じて、戒名が生まれたのだとされている。その点について、『仏教葬祭大事典』の中では次のような説明が行なわれている。

「法名は俗名でいえば、字に対する諱《いみな》に相当する。諱は忌名の意で、生者には別名を字というが死者に諱という。字は交《あざ》なう名という意で、本名に交《くわ》えて持つ名のことである。『儀礼』に『君父の前には名を称し、他人の前には字を称す』といい、『礼記』に『男子二十冠して字す』とあるように丁年に達すると実名のほかに字を持つのが中国の習であった。これが転じて、諱は死者の諡《おくりな》、法名となり、僧侶のばあいには、法諱《ほうき》と称し、字は転じて道号となった経緯をふんでいる」

古代の社会では、その人の名前は本人と等しいものとされ、本名を呼ばれることは危険だとさえ考えられていた。諱が登場したのも、そうした古代的な感覚にもとづくものだといえよう。中国では、生きている間は字で呼ばれ、死んだ後は諱で呼ばれた。こうした習慣は日本にも入ってきている。元服する、つまりは成人するまでは幼名を使い、元服後に新しい名前を使うといった習慣がそれに当たる。そして、戒を授けられ、仏教の教団（サンガ）に加わる際にも、それまで使っていた俗名を捨てて法名（戒名）を用いることが、中国で習わしとなっていったのだ。

しかし、ここでいうところの法名なり、戒名なりは、本書で問題にしている戒名とは性格が異なっている。それは、仏教の教団に加わった人間、つまりは出家、得度した人間に与えられるものなのだ。それは、仏教の僧侶のみに対して与えられる名前であるというべきかもしれない。その意味で、私たちはこうした出家者のための戒名を、在家の死者に与えられる戒名とは区別して考えたいと思う。中国では、出家者に戒名を与える習慣はあっても、死者に戒名を与える習慣は存在しなかった。

中国において、死者に戒名を与える習慣が成立しなかったのは、中国でもインドと同様に、仏教が葬送儀礼と密接な関係を結ぶことがなかったからである。中国で葬送儀礼と深くかかわっていたのは、儒教のほうであった。儒教は、祖先崇拝を重視し、子孫が家の先祖を祀ることを強調した。したがって、後から入ってきた仏教は、儒教をおしのけて葬送儀礼と結びつくことはなかった。死者は儒教の世界に属するもので、仏教の世界とはかかわりがなかったのだ。

中国においては、戒名・法名（得度名）は、出家者や仏教の熱心な信者のためのものだった。そもそも名前をつけるという行為は、名前のつけられた物や人を、他の物や人から区別することを目的としてなされる。出家して仏教教団に加わった人間や、信仰の証として戒を授かった人間に対して、法名・戒名を与えることによって、出家者や信徒を俗人から区別したわけだ。異なる世界に属する者のあいだに線をひく役割を、戒名という名前が果たしていたことになる。

葬儀と結びつく仏教

しかし中国では、仏教が葬送儀礼と結びつく契機となる動きはあった。一つは、浄土教の発展である。浄土教では、阿弥陀仏に帰依することをとくに強調した。念仏を唱えることによって極楽へ往生することができるという浄土教の教えは、民衆にとってきわめてわかりやすい教えだった。ところが、極楽往生を求めるということは、釈尊の到達した悟りを目指すという仏教本来のあり方とは離れていくことになる。

また、中国では、禅宗が葬送儀礼と結びつくことになった。禅宗では、修行する人間が自分たちの生活全体を管理するという方針で臨むようになった。インドのサンガとは異なって、在家からの布施に依存するのではなく、自分たちで生活の糧を得ようとしたわけである。そして、死者が出た場合にも、自分たちで仲間を埋葬するようになっていった。

さらに禅宗は、道教から大きな影響を受けた。例えば、死者が鬼になって生者の前に現われるという考え方を受け継いだり、墓のそばで修行するといったことも行なわれるようになったのだ。

また禅宗では、葬儀の方法について記した『禅苑清規《ぜんおんしんぎ》』といった書物が編纂された。この書物は、一一〇三年に宗賾禅師によって完成されたとされているが、これはその三百年ほど前に百丈懐海が記した『百丈清規』が失われたために、それを惜しんで作られたものだといわれている。『禅苑清規』は二つの部分に分かれ、仏法の真理を体得した僧と修行の途中で亡くなった僧を弔う作法が記されている。したがって、これは出家者の葬儀のみを扱うものであったが、そこには密教や浄土教の要素もとり入れられていた。

浄土教と禅宗が、中国において独特な発展を示すことによって、仏教が葬送儀礼と関係を深くしていく道が開かれたことになる。そして、中国から日本へと、さまざまな形態の仏教が、時代を異にして次々と伝えられていく。しかも、仏教では、数々の仏典に記された教義を整理し、それを体系化しようとする機会は生まれなかった。キリスト教では、何度も会議を開いて、教義の公認といったことが行なわれてきたが、仏教ではほとんどそうしたことがなかった。仏教では釈尊が亡くなってすぐの時代に二度ほど「結集」という形で、釈尊の教えが整理された後は、各宗派がそれぞれの立場で教義を定めるという以外には、どの教えを正統と考えるかについて議論する場がもうけられなかったのだ。

したがって、どの教えが仏教の本当の教えなのかを判断する決め手がない。時代を経るにつれて厖大な経典が作られ、さまざまな解釈が積み重ねられていくにまかされ、正しい教えを吟味していくということがなかったのだ。それはもちろん宗教的な寛容の姿勢に結びつき、宗教をめぐっての激しい争いを回避することにつながったという点では評価されるかもしれない。しかし、問題のある教えや解釈が生まれたときに、それを規制するてだてがないことにもなる。そこに安易な現実肯定の姿勢が生まれる原因があったともいえよう。

3　仏教と葬送儀礼

日本人の死後観

今日の戒名の制度が生まれるにあたっては、仏教が葬送儀礼と結びつくことが必要だった。インドではそうした結びつきはいっさい見られず、中国においてその萌芽が見られた。しかし、両者の本格的な結びつきが生まれたのは、やはりこの日本にほかならない。

古代の日本人には、死者が死後に天国や地獄に行くという観念はなかったように思われる。死者の行く場所として考えられていたのは「黄泉の国」だが、死んだイザナミをイザナギが追っていったという『古事記』の神話にあるように、黄泉の国は地上と連続した場所として考えられていた。また、地獄における死後の裁きといった考え方もなかった。

仏教は、そうした日本人の死後観を大きく変えることとなった。とくに、平安時代に中国から入ってきた浄土教は、日本人の死についての観念にはかりしれない影響を与えた。それは、今日でも私たちの死後の世界についてのイメージの源になっている。

東洋には、輪廻という考え方がある。生き物が生まれ変わり、さまざまな世界を輪廻していくという観念は、とくにインドの宗教思想の特徴になっていた。釈尊を含めてインドの宗教者の修行の第一の目的は、この輪廻から逃れることにあった。

生き物は六つの世界を輪廻していく。それは「六道」と呼ばれるもので、天、人間、阿修羅、畜生、餓鬼、地獄に分かれている。死者が次にどんな世界に生まれ変わるのかはわからない。天にいる天人さえ地獄に落とされる可能性がある。

浄土教は、そこに「浄土」という考え方を新しく導入した。浄土は六道とはまったく別の範疇に属するもので、浄土では輪廻を免れ、死後の平安が保障されている。そして、浄土はとくに地獄と対比されることとなった。浄土は阿弥陀仏の迎えてくれる至福の世界であるのに対して、地獄は鬼の待つ恐ろしい世界であった。地獄は八つに分かれている。八大地獄という考え方があり、それは、殺生の罪を犯した人間の行く等活地獄、盗みの罪を犯した者の行く黒縄地獄、さらに邪淫の罪を犯した者の行く衆合地獄、それに飲酒の罪の加わった叫喚地獄、妄語の罪の加わった大叫喚地獄、邪見の罪の加わった焦熱地獄、尼を犯した罪の加わった大焦熱地獄、そして、父母を殺したり、仏を傷つけたり、仏法を非難した者の行く最も恐ろしい阿鼻地獄からなっている。

人々は、この地獄に落ちることを恐れ、浄土に生まれ変わることを強く求めた。仏教を布教する側が、地獄に対する恐怖をかきたてて、それを利用したともいえる。数多く作られた地獄絵は、民衆に地獄の恐ろしさを教え、浄土に生まれ変わるために、現世で正しい生活を送り、仏法に帰依することをすすめるための道具だった。僧侶が地獄絵を掲げて地獄の説明をする絵解きの目的も、民衆の教化にあった。

『往生要集』の世界

平安中期の天台宗の僧である源信が書いた『往生要集』（九八五年）も、地獄のありさまをくわしく描写することから始めている。地獄をできるだけ凄惨に描き出すことによって、浄土への憧れを強めようとしたのだ。そして、念仏を唱え、ひたすら浄土を請い願うことをすすめた。こうした地獄と浄土に対する考え方が、貴族を中心として広く受け入れられたのは、現実の世の中が戦争などによって大いに乱れ、現世の価値に対する疑いが生まれていたからだろう。

すでに述べたように、仏教がもともと出家者の宗教であったということは、俗世からの出家に価値をおくということだった。俗世・現世は否定されるべき価値の低い世界だと考えられていた。インドから中国、日本へと伝わってくる過程で、出家主義よりも在家主義が強調されるようになってきたとはいえ、仏教の根底には世俗の価値を否定する傾向があった。仏教には「空の思想」があるが、物事に執着することを戒めるこの空の思想も、現実に存在する事物や人間は移ろいやすいものだ、という認識にもとづく教えであった。

そうした傾向は、宗教学的には「現世拒否」と呼ばれる。現世拒否の傾向は、世界の宗教に共通して見られる。現世に価値がないとすれば、その現世から逃れることが必要になってくる。出家という行為も、現世拒否の一つのあり方だ。そして、死もまた現世から逃れるための重要な契機と考えられるようになった。死を通して浄土のような至福の世界に生まれ変わりたいという願いが、輪廻の思想ともからみあいながら発展してきたのが浄土教であった。

こうして、それまで出家と在家とのあいだに引かれていた線が、今度は生者と死者との間に引かれるようになった。仏の観念もそれにつれて変化していく。それまでは、釈尊がそうであったように、出家して修行を重ね、悟りを開いた人間が仏であった。在家と出家の世界を二つに分ける線を、こちら側からあちら側に越えた人間が仏とされていたのだ。ところが、線の引き方が変わることによって、仏の意味も変化した。生者から死者へと変化した人間が、仏と考えられるようになったのだ。

仏ということばには、多くの意味があるが、悟りを開いた人間にしても、仏像にしても、死者にしても、通常の人間とは異なる存在であるという点では共通している。そして、祖先崇拝の観念がともなうことによって、死者を仏として崇拝する考え方が広く受け入れられるようになった。

これは源信がとくに『往生要集』の中で強調したことだが、臨終に際して瀕死の床にある本人とそれを看取る人間が念仏を唱えることが重視された。もちろん、ふだんから念仏を怠りなく唱えている必要もあったが、まさに極楽浄土へ往生しようとする臨終の際における念仏が最も重要視され、効果があるものとされた。源信の時代に、こうした考え方が民衆全体に広まったわけではないにしても、浄土思想が仏教と死、仏教と葬送儀礼の結びつきを決定的なものとしたことはまちがいない。

葬式仏教

中国では、葬送儀礼や祖先崇拝とかかわっていたのはもっぱら儒教で、仏教は関係していなかった。ところが、社会構造の違う日本では、儒教の葬祭システムはそれほど浸透しなかった。中国では一族や同族の結束がたいへんに強く、そうした集団をまとめあげるための社会倫理が必要とされ、その役割を儒教が果たしていた。ところが、古代や中世の日本では、中国にくらべて、血縁にもとづく集団の規模は小さく、その結びつきも弱かった。中国では、その家を創立した祖先が集団を結束させる象徴として儒教祭祀の対象となったが、日本ではそうした祖先は重視されなかった。祭祀の対象は、最近亡くなった祖先であり、個別の祖先を往生させることが優先された。そこに仏教との結びつきが生まれる要因があった。仏教は、死者を供養し、死者の往生を助けるためのてだて、つまりは「追善供養」の機能を果たすものとして、葬送儀礼との結びつきを深くしていったのだ。

「葬式仏教」という言い方がよくされるが、このことばは必ずしも仏教の堕落を批判するものではない。というのも、葬送儀礼と結びつき、死者の供養を行なうことで、仏教は一般の民衆の間に浸透し、しだいに定着していったからだ。その際には、前の節で紹介した中国の『禅苑清規』に記された葬儀の作法をもとに、一般の在家のための葬儀の方法が定められていった。位牌に戒名を記すための書式も、こうした書物に示されている。

では、戒名のほうは、その間にどういった発展を示したのだろうか。日本でも、中国と同様に、受戒して沙門となり、教団に加入すると俗名を改めて戒名・法号を用いるという習慣が定着していった。例えば、聖武天皇は受戒して「勝満」と称した。当時の戒名はこのように二字が通例であり、有名な藤原道長の戒名は「行覚」という簡単なものだった。ただし、ここでいう戒名は、先に述べたように、出家し得度した人間にのみ与えられる名であった。聖武天皇にしても、藤原道長にしても、受戒して仏教教団の一員になった証として戒名を授かったわけである。

ところが、時代が下るにつれて、道号や院号が加えられていった。それに各宗派独自のものも加わって字数が増え、院号、法号、道号による○○院△△□□居士といった長いものに変わっていった。そうした傾向が出てきたのは、一寺を建立することによって仏教寺院に経済的な貢献をした人に、院号や院殿号を与えるようになったからである。

院号や院殿号は、いまでも戒名の尊称として使われているが、もともと、院ということばは、施薬院や悲田院といった役所の名称として使われ、やがて天皇が譲位した後の御所を院と称するようになった。そして、冷泉天皇以降、冷泉院といった戒名をつけるようになった。院殿号に関しては、足利尊氏以降、歴代の将軍が没すると、院殿と号することになったが、これは皇家や摂家と区別するためだった。そして、徳川時代になると、本家や主人に「殿」をつけるようになり、院殿号が院号より上位であるという観念が生まれることになる。

生前、一寺を建立するなどして寺院に貢献した身分の高い人間に、死後、院号や院殿号を送る習慣が生まれたことによって、戒名は今日の形態に近いものとなっていった。出家と在家との区別も曖昧になってきた。生前の徳を死後に顕彰するための戒名というかたちは、こうした歴史的な展開のなかで生まれてきたわけだ。出家のための戒名から死者のための戒名へと変化してきたともいえる。

ただし、当時の戒名は、民衆には無縁のものだった。貧しい民衆が、寺を建立できるはずはなかった。また、生前の徳を顕彰する必要もなかったにちがいない。戒名の世界にかかわっていたのは、社会的な身分の高い貴族や武士たちに限られていた。仏教とのかかわり自体が、民衆にはまだまだ遠いものだったのだ。

一般の民衆を信徒とする寺院が急激に増加したのは、十五世紀中頃以降のことだとされている。十五世紀中頃から十七世紀中頃までの二百年のあいだに、多数の寺院が各地に作られていった。民衆の側にも、寺を建て、そこを信仰活動の拠点としていくだけの経済的な余裕が生まれつつあったということであろうが、やはりそこには江戸時代における檀家制度の問題がかかわっていたのだ。

4　近世における檀家制度の確立

寺請制の確立

死者を「仏」と呼ぶ習慣は、日本独特のものだといえる。なぜ、そうした習慣が生まれたかについては、さまざまな説があるが、どれも十分に納得できるものにはなっていない。ただ、死者を仏と呼ぶことで、死者の価値を高め、それを崇拝の対象としようとしていることは認められる。そして、死者を生者から明確に区別するために「戒名」をつけることになったのであろう。死者の戒名は、寺の過去帳に記され、位牌に書き込まれる。その位牌の前で、周期的に法要が営まれ、儀礼の中で死者は戒名によって呼ばれるようになる。

その背後にどういった死後観が存在し、儀礼の機能がどう考えられているかについては、すでに前の節で説明した。死者の極楽往生を助けるための追善供養という考え方は広く受け入れられている。仏教式の葬儀を営む人たちが、その意味を十分に自覚しているかどうかはわからないが、漠然とながら故人の死後の平安を願っていることはまちがいのないことだと思われる。

ところで、戒名、過去帳、位牌、法要を組み入れた葬送慣行が確立してきたのは、近世、つまりは江戸時代になってからのことだ。その時期に、日本に独特な家制度が確立されたとされている。葬送儀礼は家を中心として行なわれる慣習、習俗である。家の観念が成立していなければ、祖先崇拝の考え方も生まれてこないし、葬送儀礼の慣行を支えることもできないはずなのだ。

檀家制度が成立してくるうえで重要な要因となったのが、「寺請制《てらうけ》（度）」という徳川幕府の宗教政策である。寺請制は、最初、禁教とされたキリシタンから仏教に転向した人間についてのみ適用された。ところが、やがて各家は必ず地域にあるどれかの寺の檀家となるように定められていった。寺は檀家各家の構成員の状態について記録した「宗旨人別帳」を、各藩に対して定期的に提出する義務を負うようになった。これによって、寺はいわば戸籍係の役割を果たすものとなり、檀家の家族の生没、結婚、離婚、旅行、移住、奉公人の出入などを把握するようになった。なぜ、寺にそうした役割が任されるようになったのかははっきりしない面があるが（僧侶が読み書きができたことと関連するのだろうか）、十五世紀から十七世紀にかけて各地に建てられた寺院の存在を基盤にしていたものと思われる。

寺請制が確立されると、寺が民衆の生活を管理する役割を果たすようになってきた。人々は、寺の檀家として、葬式や法事、あるいは墓地の管理を寺に委任することとなり、日頃の寺とのつきあいにも気をつかわなければならなくなってきた。寺の背後には、各藩の封建領主、さらには幕府の権力が存在していた。江戸時代において寺が民衆を収奪しているという批判が出てくるのも、そうした仏教寺院のおかれた位置ともかかわっていた。

強制と浸透

しかし、民衆に仏教への信仰を強制することは簡単にはいかなかった。そのために利用されたものに、「神君様御掟目十六箇条　宗門檀那請合掟」という文書があった。ここでいう神君様とは徳川家康のことで、文書の日付は慶長十八(一六一三)年五月となっている。ところが、この文書は、元禄時代(一六八八―一七〇四)以降の偽作だった(竹田聴洲『祖先崇拝』サーラ叢書、参照)。

この文書は、民衆をおどして、仏教(寺院)への帰依を強制するような内容をもつものであった。キリシタンや禁教とされた日蓮宗の不受不施派の信徒としての疑いをかけられたくないなら、檀那寺との関係を密にしろということが書かれている。そして、檀家に次のことがすすめられていた。寺の行事に参加すること。寺の用事や修理、建立をつとめること。葬式の際には一切を寺の指図により、死者に剃刀を与え、住職から戒名をつけてもらい、引導を渡してもらうこと。中陰・年忌・命日、あるいは先祖の仏事法要を怠らないこと等々である。

この「掟」の写しは寺々に貼り出され、寺子屋の習字本にさえ利用された。はたして、これがすべての宗派にあてはまるかどうかはわからないが、仏教寺院が民衆を檀家としてとり込んでいくうえで、偽の文書に頼らなければならなかった点は注目される。また、そうした威嚇的な手段が取られたことで、当時から仏教界に対する批判が出されていた。そうした批判には、次のようなものがある。

「葬式の施物をねだり、あるいは戒名に尊卑をつくり、みだりに民財をとりて、院号・居士号などをゆるし、種々の姦猾やむことなし」(『蒭蕘録』)

「祠堂金をむさぼり、あるいは布施をねだり、葬礼を延引させ、百姓・町人迷惑におよぶこと、江戸にてはあまり聞きおよばず候といえども、在方にては、たびたびあることなり」(『新政談』)

「もし坊主の存念どおり出金せずんば、死亡のとき引導いたさず、三日も五日ものばすゆえ、これを思いて、やむことなく借財して納むるなり」(『経済問答秘録』)

(以上、圭室諦成『葬式仏教』大法輪閣、より引用)

現代にもあてはまる部分もあるが、とくに「戒名に尊卑をつくり」とあるように、戒名の格が存在することに対して批判が出ていたことは興味深い。「みだりに民財をとりて」というわけだから、当時からすでに多額の戒名料をとる僧侶がいたことになる。

寺請制は幕府によって定められた社会制度であり、強制力をもつものだった。戒名もそうした制度の一要素を構成するものであり、それは死者がキリシタンや日蓮宗の不受不施派でないことの証明とされていた。少なくともこの時代において、戒名は仏教の信仰に対する証というよりも、自分が社会にとって危険な信仰をもっていないことを証明するためのしるしだったのだ。

寺請制の確立によって、仏教が民衆の生活に浸透し、仏教式の葬儀が一般化していくことになった。そして、それとともに、葬儀の作法を記した文書が求められるようになった。例えば、戒名の格式を示した文書として、「手引き書」と呼ばれるものが存在している。『貞観《じょうがん》政要格式目』をはじめとする文書の類は、宗派教団の内部における格式を明確にし、葬送儀礼とそれに関連する行事や、経文、法語などを統一するために宗派ごとに作られたものであった。『貞観政要格式目』は、十六世紀の初めに成立したものだとされているが、差別戒名のつけ方が示されていることから、近年注目されるようになってきた（詳しくは、小林大二『差別戒名の歴史』雄山閣、などを参照）。寺請制が確立し、仏教寺院が民衆の葬送儀礼をもっぱら受け持つようになれば、儀礼や戒名のつけ方などについて教えてくれる手引きが求められるのも当然である。各宗派ごとに、『貞観政要格式目』の類書が作られ、広く普及した。しかし、戒名のつけ方については、そうした手引き書で述べられていることと、先に示したような現在の原則とは必ずしも同じではないようだ。

5　家の格と村の秩序

寄進と戒名

戒名をつけること自体は、権力によって強制されたものであるにしても、院号などの戒名の格が生まれたことについては、それでは説明がつかない。寺請制の目的は、キリシタンや不受不施派などの邪宗門の取り締まりを目的としたものだった。戒名の格は、もっと別の原因から生まれてきたように思われる。

その点について考えるためには、戒名の格がどういった意味をもったのかを理解する必要がある。また、民衆の側にも、仏教を受け入れようとする姿勢があった点を考えなければならない。彼らは、強制されたから仏教行事を行なったのではなく、むしろ自分たちのために仏教をとり入れていこうとしていた。その証拠に、仏教式の葬式や、年忌法要、追善供養が一般化しただけではなく、むしろ華美なものになっていく傾向さえあった。幕府が享保の改革の奢侈遊惰の禁令の中に、各宗の寺院に対して、檀家の葬式・法事・追善・祈禱の法儀が華美に流れることを戒める条例を多く含めていたのも、儀礼を盛大なものにしようとする民衆の動向が、幕府のコントロールからはずれることを警戒したからである。

寺請制が確立し、民衆が仏教を受け入れることによって、寺院と檀家との関係はより密接なものとなり、両者の間に経済的な関係が生まれることになった。寺を維持していくためには、檀家の側からの援助が必要だった。寺は檀家からの寄付や寄進に頼らなければならなかった。中世においては、貴族や武士が寺を建立し、田や山を寄進した。寄付された田や山は寺領となり、寺院の経済生活を支えた。寺領は税金を免除され、行政府からの干渉を受けることもなかった。全国の村々の寺院の場合には、寺を支えたのは村の檀家たちだった。彼らは、先祖の供養を行なってくれる場として利用できる寺を建て、それを支えたのである。

寺院存続のための経済基盤となったのが、土地、不動産であった。不動産は、寄進や買収、あるいは開墾などによって入手されたものだったが、買収や開墾によるものの場合にも、それに要した財源の多くは先祖追善のために檀家から志納されたものによっていた。要するに、寺院の経済は、追善供養のために檀家から寄進された不動産によって維持されていたわけである。そうしたシステムが確立されないかぎり、寺を恒常的に維持していくことは難しかったのだ。

家格

では、どうして江戸時代の人々は仏教を受け入れ、苦労して寺を支えるようになったのだろうか。そこには民衆の生活自体の変化がかかわっていたはずである。私たちは、その要因を家と村の確立に求めることができる。寺請制の基盤となったのは、家だった。近世に確立された家制度は、民衆にとっての生活の基盤であり、同時に封建制度を支える役割を果たしていた。

ここでいう家とは、もっぱら農村において自作地を持つ本百姓をその典型としている。江戸時代に、農業を行なう経済的な主体、あるいは単位として家の重要性が高まったことが指摘されている。江戸時代は、農業の生産性が上がり、それにつれて人口が飛躍的に伸びた時代でもあった。農作業は家を中心に行なわれる。家の所有する田畑や小作地を、家族総出で耕作することによって収穫をあげ、自分の家の食料を確保するとともに、年貢として供出するシステムができあがったことで、生産性が高まっていった。

家が一つの経済単位として確立されていくとともに、祖先崇拝の傾向が強くなってきた。その家をおこした祖先は、家を統合する象徴的な存在であり、その意味で家族による崇拝の対象となった。家の中に祖先が祀られることになり、仏壇の中の位牌に祖先の戒名が記されるようになっていった。そして、定期的に祖先崇拝の儀礼を行なうことが慣習となっていったのだ。

祖先崇拝のシステムが導入されることで、家は経済的な単位であるばかりでなく、宗教的な儀礼の単位となっていった。さらに、これは村組織の発達とも結びついていく。農作業、とくに稲作の場合には、共同での労働が不可欠である。田植や除草、稲刈りといった作業を共同で行ない、水田の水を共同で管理し、田植を前にしての予祝儀礼や収穫祭を村全体で行なうということが一般化したのも、近世、江戸時代のことだとされている。村も、家とは異なる次元での経済単位であり、共同体としての祭祀を行なう単位となっていった。

家制度の確立の背景をなしていたのが、村という地域共同体の確立であった。共同での労働や水の管理によって家単位での生産が支えられ、それが今度は村全体の生産性の向上に貢献するという相互関係が成立した。その意味では、家がなければ村がなく、村がなければ家もないということになる。家と村の制度の確立が同時期であると考える根拠もそこにある。ただし、村の中の家は平等の関係にあったわけではない。歴史も古く田畑を多く所有している家が村の中心となり、村役人として村をまとめるとともに、幕府や藩といった行政組織との交渉にあたることになった。そこに、「家格」というものが村の中に生まれる要因があったのだ。

そして、格の高い家と低い家とを区別するために、墓や位牌、葬送儀礼の規模、さらには戒名の字種や字数などが利用された。寺院は檀家からの寄進によって支えられていたわけだが、そうした寄進ができるのは村の中でも有力者の家に限られている。そして、寺の側は寄進の多い家に対して、その代償として院号などのついた立派な戒名を与えることになった。そこに世俗社会の身分秩序が、死者の世界にもちこまれる原因があった。今日残っている過去帳や位牌などは、徳川時代初期のものが少なく、元禄以降のものが圧倒的に多い。そうした点から考えて、この時代が檀家制、ひいては農民層における家の確立期であったという説が立てられている。これは先の偽文書の成立時期とも一致し、説得力のある仮説だと考えられる。

仏教の日本化

こうしたかたちで、仏教が葬送儀礼と結びつき、さらには祖先祭祀、祖先崇拝と結びついていった。日本に渡来してから江戸時代に至る長い歴史を経て、仏教は一般庶民の生活の中に根をおろしていった。そこに「葬式仏教」が成立したことになる。もちろん、その一方で、密教的な加持祈禱がもてはやされたり、有名な寺院への参詣が流行し、観光的な色彩をおびていったりということもあった。あるいは、仏教の教えをもとにした芸能がさかんになり、仏教の大衆化が進んだ。人々は、地獄への恐怖や往生への希求といった仏教の教えにも親しんでいった。

しかし、日本における仏教の大衆化の過程が、純粋な信仰によるものでないこともたしかである。寺請制による総檀家制にしても、戒名の格の発達にしても、つねに、現実の社会の変化が先行していた。変化によって生まれてきた新しい社会制度を正当化するために、仏教の教えが利用されてきた面が強い。少なくとも、戒名を含む仏教の葬送システムは、仏教の教えから発展してきたものではなかった。釈尊の教えの中にもなければ、経典にもいっさい記されていない。要するに、制度を支える根拠となる教えがまったく欠けているわけである。

戒名について疑問が生じてくるのも、そうした歴史的な経緯が深くかかわっている。戒名について、その意義があまり明確に語られないのも、仏教本来の教義や教えとの結びつきがはっきりしていないからだ。長い歴史の中で、仏教が葬送儀礼と結びつき、死者を仏と呼び、その死者に戒名をつける慣習が形成されてきた。そうしたシステムが確立されたことで、死者を適切に葬ることができるようになったわけである。その時点では、システムを構成する各要素は円滑に機能していたはずだ。ところが、時代が変わることで、そこにズレが生まれてきた。そして戒名は、前の章で見たように、現代の社会の中で新しい役割を果たすようになってきた。戒名が仏教の教えと結びついているにしても、そこでいう仏教とは、日本化された仏教なのである。

第五章　戒名の宗教学

1　祖先崇拝と他界観

祖先崇拝の観念

私たちは戒名の社会的な機能について考えるとともに、仏式の葬儀が定着してくるなかで、日本に独特な戒名の形態が生み出されてくる過程を追ってきた。しかし、仏式の葬儀や戒名が受容されるにあたっては、その宗教的な意義について説明する論理が必要であった。例えば、死者を仏として供養するための「追善供養」にしても、この儀礼的な行為が意味をもつためには、人間が死後に「あの世」、つまりは「他界」に生まれ変わるという信仰がなければならない。さらに、子孫が代々の先祖を祀らなければならないという観念は、祖先崇拝の考え方によって支えられている。私たちは、日本人の祖先崇拝や他界観を探ることによって、戒名をめぐる宗教的な背景を考えなければならないのだ。

祖先崇拝は、日本に特有な現象ではない。世界の各民族に見ることができる。近隣の朝鮮半島や中国では、日本以上にさかんな面がある。また、アフリカの部族社会における祖先崇拝は、人類学研究の恰好のテーマとなってきた。キリスト教以前の古代地中海世界やヨーロッパにも、祖先崇拝は存在していた。十一月二日に行なわれるキリスト教の「万霊節」に、死者を追悼するキリスト教以前の信仰のなごりを見ることができる。カトリックが土着信仰と融合した中南米においては、十一月一日が「生者と死者の絆が回復し、強化される重要な日」である「死者の日」とされ、日本の盆とかなり似た行事が、いまでもさかんに営まれている（メキシコの「死者の日」については、拙訳、グレゴリー・G・レック『トラロクの影のもとに』野草社、参照）。

祖先崇拝全般に共通するのは、生者が死者をどう扱うかが、死者の死後の運命に影響するという考え方である。あの世に行ってしまった死者の死後の平安は、近しい関係にある生者によって左右され、十分な「供養」が行なわれなければ、死者は生者にそのことを知らせるために、悪い影響をおよぼすのだ。死者を弔うことは、愛情から発したものでありながら、同時に義務としての性格をもっている。だからこそ、死者に対して愛憎なかばする感情が生まれるのだ。

日本において、この祖先崇拝の問題をとくに研究の対象としたのが民俗学であった。民俗学の祖とされる柳田國男と折口信夫の仕事は、学界における重要な業績であるにとどまらず、日本人の祖先崇拝の観念自体にも大きな影響を与えてきた。それは、戒名について考えてきた私たちにとっても重要な意味をもつ。なぜなら、戒名を含む仏式の葬儀が受け入れられているのは、そうした祖先崇拝の観念を土台にしてのことだからだ。

柳田國男の『先祖の話』

柳田國男は、一九四五年の終戦直後に『先祖の話』と題する一冊の書物を刊行した。柳田自身が本のはじめの「自序」に述べたことに従うなら、彼が筆を起こしたのはその年の四月上旬のことで、『先祖の話』は五月の終わりには早ばやと書き上げられていたという。この本は、四〇〇字詰め原稿用紙にして三六〇枚くらいの分量になるが、柳田はそれをわずか五十日ほどで脱稿したことになる。折しも終戦まぎわのこの時期には、連夜の空襲があり、柳田はそうした切迫した状況のなかで、この書物にそうとうの情熱を傾けていたのだ(ただし、柳田が一九四四年から四五年にかけて書きついだ『炭焼日記』では、三月十日の箇所で『先祖の話』を書いていたと述べており、実際の執筆の開始は四月上旬よりも遡るものと思われる)。

柳田は、その「自序」の冒頭で、「もちろん始めから戦後の読者を予期し、平和になってからの利用を心掛けていた」と述べている。彼は、戦後の社会の中で、先祖をいかに扱うかの問題が重要なものとなることを予見していたとし、執筆の動機を明らかにしている。柳田は、日本の社会の中で、生者と死者とがいかにかかわりをもってきたのかを、仏教の影響を排除したかたちで描き出そうとしたのだが、この試みはたしかに、戦後において重要な意味をもつことになる。

それは、柳田が『先祖の話』で示した日本の祖先崇拝の観念なり仕組みなりが、その後、歴史的な資料による十分な検証を経ないまま、日本全体にあてはまる普遍的な現象として理解される傾向が出てきたからだ。例えば柳田は、死者の霊魂が、はるか遠くの場所へ行ってしまうのではなく、家の近くの山の中にとどまり、子孫の生活をたえず気にかけ、盆と正月には山から里へと帰ってくるのだと解釈した。しかし、仮説であったはずのこの柳田の解釈は、今日では日本の伝統社会における他界観念そのものとさえみなされている。

柳田の祖先崇拝についての解釈は、彼に心酔する地方の民俗史家を媒介にして、広く一般に浸透していった。民俗調査の対象として、その情報提供者となるいわゆる「古老」たちは、柳田の著作の熱烈な読者であり、彼らは自分たちの知っている地方の習俗、慣習を柳田民俗学の枠組みによって解釈しようとした。そのために、もともとの伝統的な観念なのか、それとも民俗学の学説にもとづくものなのかが区別されない状況にさえたち至ったのだ。したがって、『先祖の話』は、二通りの意味で、日本社会における祖先崇拝のモデルを提示する役割を果たしてきたことになる。

柳田が、戦争の末期に、きわめて切迫した状況のなかで、日本人の祖先崇拝の観念について記そうとしたことの意味は小さくなかった。戦争に敗れることによって、国家としてのアイデンティティーが失われようとしていた危機の時代において、日本人全体が象徴的な意味での「死」に直面していた。宗教学者のミルチア・エリアーデがいうように、死からの再生を果たすためには、「始原の時」に帰らなければならない。

祖先崇拝、あるいは祖霊信仰は、仏教到来以前から続く日本人の固有信仰であり、宗教社会学の古典であるエミール・デュルケムの著作の題名をもじっていえば、柳田はそこに日本人の「宗教生活の原初形態」を見ようとしたのである。

祖霊信仰が日本人の固有信仰であることを証明するためには、それを構成するすべての要素が、仏教の影響をぬきにして説明されなければならなかった。例えば、日本において死者が一般に「ホトケ」と呼ばれることも、仏教の「仏」と無関係に成立したものでなければならない。柳田は、「ホトキ」と呼ばれる神霊の依代《よりしろ》となる木の棒をもち出してくることによって、その証明に腐心するのだが、客観的にみてその努力が十分に報われているとはいえない。私たちの目から見れば、仏教からの影響をことさら排除する必要はなかったように思われる。仏教的な祖先崇拝の観念の下にある祖霊観が日本に固有の信仰であったと指摘すればたりるようにも思えるのだが、「仏教嫌い」の柳田の情熱は、それでは満足しなかったようなのだ。

折口信夫と常世の国

一方、折口信夫は、柳田の『先祖の話』の七年後、一九五二年十月に発表した論文

「民族史観における他界観念」の中で、日本人が古代から抱いてきた他界についての観念を、柳田とは違う観点から論じている。

折口が第一に着目するのが、「常世《とこよ》」と呼ばれる古代的、あるいは前歴史的な他界観である。彼は、常世の国の特徴が、二つの性格をあわせもつところにあることを指摘する。一方で、常世の国は祖先として祀られることによって「完成した霊魂」の住む場所であり、その一方で祖先として祀られない「未完成の霊魂」のとどまる場所としても考えられているというのだ。

折口は、こうした他界観が誕生した原因について、その論文の終わり近くで、次のように述べている。

「なぜ人間は、どこまでも我々と対立して生を営む物のある他界を想望し初めたか。其は私どもには解き難い問題なるが故に、宗教の学徒の、将来の才能深い人を予期する必要があるだらう。私などは、智慧も短し、之を釈くには命も長くはなからう。だが此までの経歴から言ふと、はじめからの叙述が、ほのかに示してゐるやうに、人が死ぬるからである。死んで後永世を保つ資格あるものになるからだ」（『折口信

夫全集』第十六巻）

折口が亡くなるのは、その翌年である。彼自身の「命も長くはなからう」という老境に達した学者としての言葉は、今日の読者にはそのまま死の予言めいた響きをもっている。常世の国への憧憬の感情を、民俗世界の核心によみとろうとした折口が、はたして「完成した霊魂」として常世の国に再生したのかを判断することはできないが、その死出の旅が、彼自身のいわば最後のフィールド・ワークになったことはまちがいない。

折口が、他界観念の発生を人間の死に求めたことは、他界と死後の世界との密接な関係を示唆したことになる。他界は必ずしも、死者のみが行く場所ではない。洋上はるか彼方に想定された常世の国からは、神がまれびと（客人）として訪れるだけではなく、生きた人間も何かの偶然によって、たまたまそこに行き着くことがあるのだと考えられてきた。しかし、一般には人が一度は迎えなければならない死こそが、この世と対立するもう一つ別の世界、他界への跳躍台であったことは否定できないのだ。

近代社会に生きる私たちからも、この他界の観念はけっして消え去ってしまったわけではない。常世の国についてはもちろん、浄土や天国あるいは地獄といったあの世、他界が実在することを信じる者がどれほどの数いるか、実際にはわからない。だが、そうした世界を真向から否定してしまう人間は、それほど多くはないであろう。私たちが、葬儀を営み、定期的に法事を行なって死者の供養をする場合には、死者が現世とは異なる別の場所に霊魂として存在することが前提とされていなければならない。そして、死者の幸福が生者からの扱いによって左右されるという観念が、無意識のうちに想定されているにちがいない。そうした無意識の前提を、柳田や折口による民俗学の業績は、私たちに再確認させてくれたのである。

2　原初形態としての祖先崇拝

祖先崇拝と家

柳田や折口、さらには彼らの立場を継承した民俗学者たちの数々の試みを通して、日本人の他界観念なり思想なりはかなり明確なものとして体系化されてきた。それは、柳田について述べたところでも指摘したように、彼らの対象とした民俗世界へも逆に

死者の祖霊化と生者の成長過程との類比

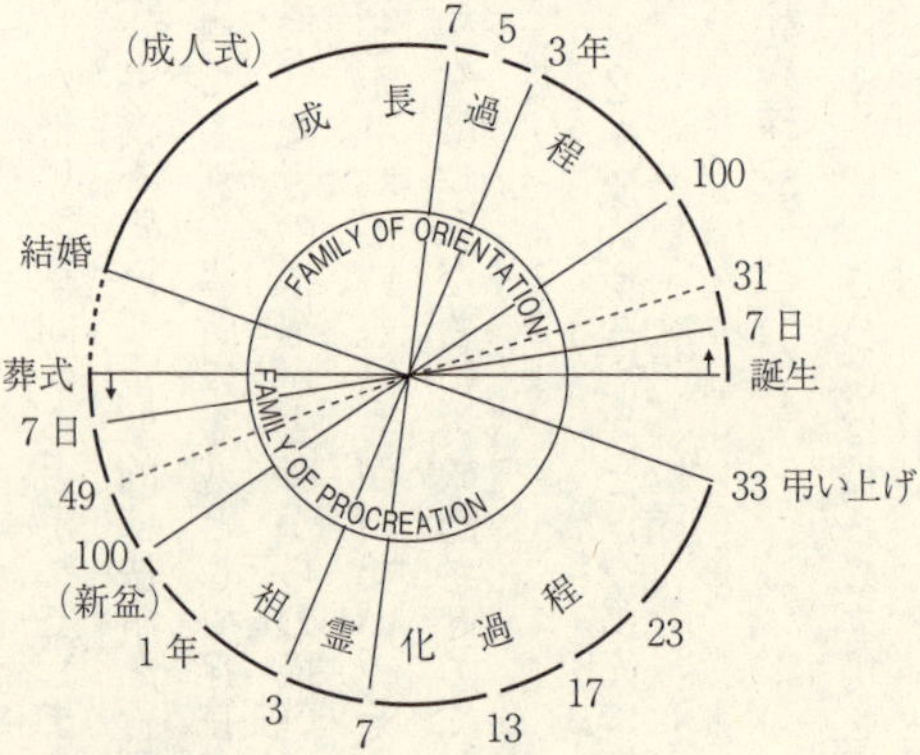

反響していった。もし私たちが、死後の世界について日本人がどう考えているのかの説明を求められたとするなら、柳田や折口の説を下敷にしながら語っていくことであろう。

日本人の祖先崇拝は、外国人研究者からも注目されている。フィールド・ワークをもとに日本の祖先崇拝について研究したアメリカ人のヘルマン・オームスは、上のような図を描いて、日本においては、個人が誕生して成長していく過程（成長過程）と、死後に祖霊となっていく過程（祖霊化過程）とが対応していることを示している（オームス・ヘルマン『祖先崇拝のシンボリズム』弘文堂）。要するに、日本人は生者としての一生を終えた後に、死者としての一生を送ることになるというのだ。

そしてオームスは、日本人が死を個人の新たな誕生の時としてとらえていることが、生きているあいだに使っていた名前を捨てて死後に新しい名前を獲得することにつながるのだとして、戒名の意義を次のように解釈している。

「この世における生活が成人への過程であり、あの世における生活は祖霊化の過程である。この世の旅に出る人間は誰でも、その出発点、誕生にあたって、新しい名前をもらう。同様に、あの世の旅に出るどの魂もまた、その出発点＝死にあたって、新しい名前をもらうのである。最初の名前（俗名）は、身体が母の胎内から離れ、独立した存在になる時にもらう。『新しい生命』の出現は新しい名前でシンボライズされる。第二の名前（戒名）は、魂が体を離れ、独立した存在となる時にもらう。もっとも子供の場合と同様に、魂もまた、しばらくのあいだは、多分に他の人びとの世話にならなければならない（死霊に新しい霊名を与えるのは仏教に限られていない。『異名』をつけるというしきたりは神道でもおこなわれる。また垂加神道では生者に霊社号を与える伝統もあった）」

オームスは、神道でも戒名に似た「異名」をつけるとしているが、これは柳田が『先祖の話』の中で指摘していることを踏まえている。柳田は、神道式の葬儀である神葬祭において死後の異名をつけようとする一派があると述べている。中国では古代から死者に諡を贈る慣習があり、それは日本式の戒名の原型とみることができる。

ところで、ある特定の観念は、その観念を生み、その観念が機能することを必要とする社会的な背景によって支えられながら維持される。祖先崇拝の観念や他界観も、社会がそうした観念を必要とするからこそ、広く浸透し、長いあいだにわたって私たちの精神世界に影響しつづけてきたはずだ。一般に、祖先崇拝の社会的な基盤として指摘されるのが、前章でも述べた日本的な家制度である。オームスは、その点に関して、次のように指摘している。

「祖先崇拝の主な関心は家である。祖先崇拝を通して、家の相互の結び付き（メンバーシップ）が、決して消滅しないほど強められる。それは死を超越し、永遠に存続する。家が重要であることは、家における地位が死後の運命を決定するからである。われわれが有縁仏に加わるか無縁仏に加わるかを決定するのは、ファミリー・オブ・プロクリエーション（family of procreation）との関係における地位である。死後の世界への信仰は、祖先崇拝の前提であるが、家の一員であるという意識に対しては二次的であり、むしろそれに依存しているとさえいえるだろう。簡単に推量することは危険かもしれないが、死後の世界への信仰は、家の構造によって形成されると考えられる」（同書）

オームスのいう「ファミリー・オブ・プロクリエーション」とは、「結婚して自分の子供を産んだ家」のことであり、それは自分の「育った実家（family of orientation）」とは対立するものだとされている。オームスは、家制度の内部における個人の地位が、その死後の運命を決める点を強調している。それは、生前その家を支えるうえで経済的、社会的に重要な役割を果たしてきた人間が、死後においては家を統合するシンボルとして機能していくことを意味しているのだ。

日本の家制度が、祖先崇拝のシステムと深い関連性をもち、それを支えてきたのであれば、祖先崇拝の流行と衰退は、ひとえに家制度のあり方によって規定されることになる。あるいは言い方を変えれば、家制度があるところには、祖先崇拝のシステムが必ず生まれるということにもなる。したがって、祖先崇拝を、日本人の信仰生活の核心にあるものとしてとらえるにしても、それを古代から連綿と続く原初的な信仰の形態として考えてはならない。むしろ、日本的な家制度の確立と並行して生まれた宗教システムとして考えるべきなのだ。

「カクレキリシタン」における祖先崇拝

祖先崇拝が、近世以降の日本社会においていかに宗教現象として定着したかを示してくれる興味深い調査報告がある。宮崎賢太郎は、長崎市内のカクレキリシタンの現在の状況を調査し、キリシタンとしての信仰が消滅寸前の状態にあるなかで、彼らの信仰内容が、日本人一般の普遍的な信仰心である祖先崇拝へと変容してしまったことを明らかにしている。

「長崎市内某町のカクレキリシタンの信仰形態は如実にこのことを示しています。彼らが現在大切にして集会を持つのは『命日寄り』という自分の家の祖先の命日の時だけです。その日には仲間の方々を自分の家に呼んで、一緒に祈りをして供養してもらい、食事やお茶を共にするのです。……しかしキリシタンとして最も大切であったはずのキリストの誕生と死と復活の日に集まって祈りを捧げることは行なわれていません。大切なものはもはやキリストではなく、先祖の方である」(『長崎地方文化史研究』第二号)

宮崎は、「日本人の信仰の基盤である祖先の霊に対する思い」が最後まで残ったようだと指摘している。キリスト教の禁教がとけた後にも、カトリック教会の一員に加わることなくカクレキリシタンとしてとどまり、外側の信仰世界との交流を断った人々のつくる閉鎖的な社会の中で、キリシタン的な要素が次々とぬけ落ちてしまい、結局のところ祖先崇拝へ収斂してしまっているのだ。キリシタンの信仰も、家の宗教へと変貌したのである。

カクレキリシタンであったにしても、信者たちは日本の家制度の枠の中に生きている。そのために、家の統合のシンボルである祖先を崇拝することが必要となってくる。家という小さな単位を統合するには、キリストという普遍的で、つまりは抽象的な存在よりも、先祖という個別的で、具体的なシンボルのほうが優先された。はじめはキリストとは別に祀っていたはずの祖先が、やがては前面に出てきてしまったのである。ここに、日本の社会における祖先崇拝の観念の強さを見ることができるのではないだろうか。

新宗教と祖先崇拝

伝統的な日本の稲作農村においては、いかに家を存続させていくかが重要な課題であった。家は、耕作を行なううえでの生産の単位であるばかりでなく、家の跡取りをはじめとする労働力の再生産の機能を果たしてきた。個人の生存は、家のあり方によって規定され、家制度の枠からはずれて稲作農村に生活することは不可能だった。祖先崇拝が家の統合のシンボルとして機能するのは、そうした家のあり方、ならびにその重要性にもとづいていたのだ。

しかし反対に、家の跡取りではない人間、つまり農家の次三男にとっては、祖先という存在はそれほど重要な意味をもつものではなかった。彼らは、本家からわずかな土地を分けてもらって村の中で分家となったり、新たな働き口を求めて都市へと移住した。彼らにとっては、とりあえず自分たちの生活をなりたたせていくことが問題であり、祖先のことは本家に任せっぱなしとなっていた。彼らには、自分が祀らなければ祀り手のいない祖先が存在しなかったからだ。分家として、あるいは都市に住む彼らの家には、祖先を祀る場として機能する仏壇すら存在しなかった。

しかし、やがては新しい家にも、それを統合するためのシンボルが必要になってくる。その際に、とくに大都市において重要な役割を果たしたのが新宗教、戦後に流行した言い方に従えば新興宗教であった。戦後、都市の下層・中層の住民に信者をふやしていった大教団の多くは、祖先崇拝、あるいは先祖供養をその教えの中心においていた。彼らは、個人を襲った不幸の原因を、祖先をもち出すことによって説明しようとした。祖先に対する供養をおろそかにしているがゆえに不幸に見舞われるのだと説き、忘れられていた祖先崇拝の観念を復活させようとしたのである。

例えば、法華系の新宗教の代表として戦後教勢を伸ばした霊友会では、夫の家の先祖ばかりでなく、妻の家の先祖を平等に供養することを重視した。その証として、両家の戒名をできるだけ集めてきて、それを総合した「総戒名」を祀ることになる。それは、夫婦ともに故郷を離れて都会へ出てきて、そこで新しく家をかまえた都市住民の必要を満たす、新しいタイプの祖先崇拝の形式だった。

霊友会から分かれ、その影響を強く受けた立正佼成会の場合にも、祖先崇拝の要素が信仰の中で大きな比重を占めてきた。初期の立正佼成会の精神的な支柱であった長沼妙佼の場合について、アメリカ人の宗教研究家マックファーランドは、その著書『神々のラッシュアワー』の中で、次のように述べている。

「長沼妙佼の病気が霊友会でなおったのは、あらためて祖先に対する恩義を認めたからである。後年、彼女は立正佼成会を組織し、正しい祖先崇拝にもとづく家族中心の生活様式を説いた。彼女はシャーマン的存在であったから、時には霊媒としても働いたが、佼成会では、霊友会とか他の宗派のように、降神術に重きを置かなかった。佼成会の公式の場では、降神術は絶対に行なわれていない。が、それにもかかわらず、先祖に対する儀式は依然として重んじられている。佼成会に入会すると、まず、先祖の名前を本部に登録し、新しい戒名をもらわなければならない。以後はその名で祖先をうやまう。また、東京の西方、北多摩郡大和町には、信者の大きな墓地があり、よく手入れされている。これが、あとで見るように、重要な墓前供養

が行なわれる一つの場所である」(『神々のラッシュアワー』内藤豊・杉本武之訳、社会思想社)

新宗教の教団は、既成の仏教教団とは異なるかたちで、祖先崇拝を家の宗教としてふたたび確立していった。個人と祖先との密接な関係を説くことは、家の個々のメンバーに、家を一つのまとまった単位として意識させることになる。しかし、伝統的なかたちでの祖先崇拝が跡取りの男子、つまりは長男を媒介にして単系的な先祖代々の観念を中核にするのに対して、霊友会や立正佼成会のように妻と夫の両家の祖先を同時に供養することは、それが次の世代には受け継がれず、一代限りのものに終わってしまう可能性を内包している。もし、次の世代に霊友会式の祖先崇拝のシステムが受け継がれるとすれば、四つの家の先祖を同時に祀ることになり、そこでは個別の家の観念は希薄なものとならざるをえない。新宗教における祖先崇拝には、伝統的な信仰形態の変質ないしは変容が認められるのである。

3　祖先崇拝の世俗化

人間関係の宗教

日本人の宗教生活の原初形態としての祖先崇拝は、都市化の進展によって変質を余儀なくされてきた。それは祖先崇拝の基盤となる家制度がしだいに崩れ、家の統合という課題がその重要性を失ってきたからだ。オームスは、そうした変化の傾向を裏付ける証拠として、日本のカトリック教会が祖先崇拝を認める文書を出したことをあげ、次のように述べている。

「一九八五年に日本のカトリック教会は祖先崇拝に対して信者が取るべき態度と評価を以前とは違って、全く一八〇度転換して、信者の祖先崇拝をマリアさま崇敬と類比しつつ、祖先崇敬として認めたという。カトリック教会が他の宗教の祭祀を認めて、それを取り入れるということは、その祭祀は教会の目からみると宗教としては（その評価は正確かどうかは別として）もはや完全に意義上枯渇したにちがいない」（前掲『祖先崇拝のシンボリズム』）

カトリック教会のこの試みは、カトリック信仰の定着をはかろうとする「土着化」の一端として考えられるが、あくまでキリスト教が少数派にとどまっている日本の宗教の状況のなかでは、カトリックが祖先崇拝を容認したことにはそれなりの意味がある。カトリックの信者は、個々の家の中においても少数派である可能性があり、祖先崇拝を否定することは、法事や墓参りなどの家庭の行事への参加を拒否し、それが家庭内の対立に結びつく危険性がある。キリスト教の信仰と、祖先崇拝を核とした日本的な宗教心とが矛盾をきたすわけだ。祖先崇拝を積極的に認めないまでも、それを容認することは、そうした対立を回避するための有効なてだてとなりうる。

この点について柳川啓一は、日本の社会において人間関係を基盤として成立する宗教と、特定の信仰を前提とする宗教とが、祖先崇拝の是非をめぐって対立する可能性があるとして、次のような指摘をしている。

「これら（注—菩提寺や氏神など）の人間関係の上に立つ宗教を、根本的に否定しないかぎり、個人がそれぞれの宗教をもつことには、寛容である。新しい宗派、新しい宗教の発生が黙認されるのは、この理由による。しかし、祖先崇拝と地域の神（氏神）の信仰を拒否する宗教にたいしては、きわめて不寛容な態度をとる」（『祭と儀礼の宗教学』筑摩書房）

新宗教の教団の中にも、教団が認める形式とは異なる一般的な祖先崇拝を受け入れないものがあり、そこでは柳川のいう「人間関係の上に立つ宗教」との対立が起こる。その典型がかつての創価学会であり、彼らは日蓮正宗以外の宗派の僧侶が営む葬儀や法事には参列しなかった。オームスの報告によれば、彼の調査した川崎市生田の学会員は、盆のときに、地域の盆踊りには参加したが迎え火はしなかったという。

カトリック教会は、日本の伝統的な祖先崇拝を容認することによって、日本的な人間関係の宗教の枠組みの中に、よりいっそう統合されていったことになる。たしかにそこにはオームスの指摘にあるように、祖先崇拝の世俗化ということがかかわっていることであろう。祖先崇拝のシステムは、大勢としては社会の中で重要性を失いつつあるように思われる。それは、すでに述べたように家制度の崩壊とかかわっている。

新宗教の場合には、戦後、伝統的な祖先崇拝のシステムからはずれた個人に、新しいスタイルの祖先崇拝の形式を与えることで教勢を伸ばしていった。しかし、それも結局のところは祖先崇拝の世俗化という大きな流れのなかで、その力を失っていくのではないだろうか。

現実には、いまや家の消滅という事態さえ起こりつつある。それは、出生率の低下によって、子供の生まれる数が減少したことにも原因がある。男の子の生まれなかった家では、その家を継ぐ者がいなくなる。そのため、そうした家の一人娘と結婚した場合には、夫は妻の側の祖先をも同時に祀らなければならなくなってくる。そうした事態が進行している証拠に、最近の墓地では、墓石に夫と妻の両家の名前を彫ったものを見かけることが多くなってきた。しかしこれも、霊友会の戒名の場合と同様に次の代には受け継ぎにくい形式であり、今後どういった事態へ進んでいくかが注目されるのだ。

友人葬の意味

祖先崇拝のシステムが揺らぐことによって、死者の供養に対する考え方も変化しようとしている。その具体的な現われとしてみることができるのが、創価学会の場合である。

創価学会は、その創立以来外護《げご》してきた日蓮正宗との関係が悪化し、一九九〇年代のはじめには最終的に決別の道を歩まなければならなくなった。そのなかで、さまざまな問題を解決していかなければならない必要に迫られたが、一番大きな問題は、日蓮正宗の僧侶との関係を断ち切ったとして、葬儀の問題をどうするかであった。日蓮正宗と決別するまで、創価学会の会員は、葬儀を出す際には、日蓮正宗の僧侶に導師を依頼していた。創価学会に入会し、同時に日蓮正宗の信徒となった人間たちは、近くの日蓮正宗寺院の檀家になっていた。そうした寺に墓はなくても、葬儀の導師は、その寺の住職に依頼した。自分たちの信仰にもとづいた葬儀をあげることができるというところに、他の法華系教団にはない創価学会の特色があった。葬儀を契機に、家の信仰に戻ってしまうことがないからである。しかし、決別してしまえば、日蓮正宗の僧侶に導師を依頼するわけにはいかない。

日蓮正宗の僧侶を葬儀に呼ぶことができないとするなら、どうしたらいいのか。創価学会が選択した道は、僧侶なし、戒名なしの「友人葬」（最初は「同志葬」と呼ばれた）という方向性だった。

なんといっても創価学会員の強みは、毎日、仏壇の前で、「南無妙法蓮華経」の題目を唱え、『法華経』を読んでいたことにあった。つまり、一般の会員であっても、勤行をすることができる。友人葬では、その利点を生かして、一般の会員が僧侶に代わって勤行を行なうこととなった。自分たちで勤行ができるなら、僧侶を呼ぶ必要などないのである。

しかし、僧侶を導師に呼ばない葬儀には、もう一つ大きな問題があった。僧侶が導師にならなければ、死者は戒名を授かることができない。その問題があったために、創価学会では友人葬に踏み切ることにためらいがあった。

創価学会では、葬儀や戒名の実際や歴史について研究を行ない、そのうえで、葬儀を行なう際に、僧侶から戒名を授からなければならない必然性はないと判断したようだ。創価学会系の東洋哲学研究所編『友人葬を考える―日本における仏教と儀礼』（第三文明社）では、「戒名がなければ成仏できないという主張には仏法上の根拠はなく、それを強要した現在の日蓮正宗は、日蓮大聖人の仏法や正宗自身の伝統法儀を没却し、堕落した姿以外のなにものでもありません」と結論づけている。戒名の問題をクリアしたことで、創価学会は、友人葬を正当化し、それに踏み切ることができたのである。

創価学会員の一つの特徴は、そもそも伝統的な祖先崇拝に対して関心が薄いというところにある。それは、彼らが墓や仏壇を持たずに都会に出てきて、実家の祖先崇拝のシステムから切り離されているという事情がかかわっている。

現在の創価学会は、親から信仰を継承した二世や三世、あるいは四世が中心になりつつあるが、最初に信仰を獲得した一世たちは、高度経済成長の時代に、都市化の流れにのって大都市部へ出てきた人間たちで、彼らの多くは農家の次三男だった。彼らは、家の跡継ぎでないため、祭祀権をもたなかったのである。

祖先崇拝に対して関心をもたないという点で、創価学会の信仰はきわめて都市的であり、現代的である。あるいはそうした方向性は、創価学会の会員に限らず、都市に生きる人間の共通した意識を象徴しているのかもしれない。

柳川啓一も、他界観の変化が祖先崇拝の存続を危うくするとして、次のような見解を述べている。

「われわれの間での祖先崇拝はあまり永続しないだろう。その理由には、社会学からは、都市化とか家族構造の変化が要因としてあげられよう。今までのこの論の筋道からいえば、一般の意識から伝統的な他界観が薄れ、死に方よりも生き方を説く現代の宗教家がその維持に熱意を示さなければ、フィーリングとして慣性的に若干の期間残るだろうが、われわれの死の覚悟はそれに托するほどの力は持たなくなる」(『祭と儀礼の宗教学』)

柳田や折口が、日本人の他界観を論じたときからすでに六十年以上の月日が過ぎている。いまや、そこに大きな変化が訪れているのだ。その変化は、それほど劇的なものではないために、ことさら社会的な話題になることもない。しかし、着実に変化は起こり、私たちの死者への想いや態度は変わっていこうとしているのだ。

問題化する戒名

私たちは、日本人の宗教生活の原初形態ともいうべき祖先崇拝のシステムが、いまや大きく変わろうとしていることを確認してきた。ただその変化が目立たないものだけに、私たちは事態を十分に認識してはいない。私たちが仏式の葬儀を営むのも、また死者に戒名を与えるのも、伝統的な祖先崇拝の考え方や他界観がその背景にあるからだ。祖先崇拝の意義が薄れ、他界への信仰が希薄なものとなってきたとするなら、いままで行なわれてきた死者を葬るやり方そのものも問い直していく必要がある。

幸いなことにというべきか、それとも不幸にもというべきか、死の問題はいざという時にしか切実なものとして私たちに迫ってはこない。近親者の死を通してでなければ、この問題に直面しなくてもすむのだ。そのために、私たちは問題を棚上げにし、それを先送りすることだってできる。いざとなれば伝統的なしきたりに従えばいいではないかと思っている。葬式を行ない、年忌法要をくりかえしていけば、何の問題もなく死者をあの世へ送りとどけることができるはずだ。

ところが、現実は期待通りにはいかない。さまざまなところで問題にぶつかる可能性がある。そのいくつかの事例については、本書の中でもふれてきた。葬儀の形式はどうするのか、その規模はどうか、墓はどうするのか、そして戒名は、と問題になりそうなところが続々と出てくるのだ。あるいは逆に、自分が死んだときのことを考えてみればいい。供養を続けてくれる人間はいるだろうか。もし子供がいなかったとしたら、誰が墓の管理料を払ってくれるのだろうか。一人娘の婿さんは、本人の両親だけではなく、嫁の家の両親の供養にも努めてくれるのだろうか。あるいは、これからも葬儀に多額の費用をかけつづけるのだろうか。寺へのお布施の額だってばかにはならない。数十万円、あるいは百万円を超える戒名料は、やはり割り切れない。寺を維持していくための費用であるのかもしれないが、私たちがそう簡単に負担できる額でないこともたしかだ。まさか、戒名料が高ければ、それだけ浄土に行きやすいということでもないだろう。しかし、戒名は表だった議論の対象とはなってこなかったのだ。

第六章　権力としての戒名

1　戒名を守るもの

解消されない疑問

近年、死の問題が社会的に注目を集めている。科学や技術が進歩し、人間の能力が飛躍的に向上してきたにしても、死だけは避けて通ることができない。平均寿命なり余命なりがいくら伸びたとしても、人間は永遠の生命を獲得できるわけではない。豊かでなに不自由ない暮らしが実現されたからこそ、動かしがたい死の問題につきあたらざるをえないのだ。あるいは、尊厳死や脳死といった新たな生命の倫理にかかわる難問が提起されてきた。仏教がブームになるのも、その根底には誰もが一度は経験しなければならない死の問題が横たわっているからである。

墓に対する関心も高くなってきた。都市における墓不足の問題や、跡継ぎのいない人間の墓をどうするかといったことが話題を集めてきた。

ところが、戒名についてはあまり議論が行なわれてはこなかった。戒名について疑問をもつ人は多かったにもかかわらず、それはあまり表面化してこなかった。それが私的な事柄であるだけに、社会問題としてとり上げられにくいのはたしかだが、議論の起こらなかった原因はもっと別のところにあるように思う。おそらくそれは、死者を葬るという行為、葬儀が一過性の性格をもっているからだろう。誰も、実際に葬るべき死者が目の前に現われてくるまでは、葬儀や死者の供養についてそれほど真剣に考えようとはしない。そして、葬儀の最中に、いろいろと疑問がわいてきても、即座に処理すべき事柄が先行し、疑問は棚上げされてしまうのだ。葬儀がとどこおりなく終わってしまえば、疑問を質そうとする熱意も同時に失せてしまう。かくして、戒名への疑問は表に出てこないのだ。

そもそも、疑問が浮かんできたときに、それをどこにぶつけたらいいのだろうか。戒名についてたしかめようとしても、どういう方法で調べたらいいのか、皆目見当がつかないところがある。日頃、菩提寺に足繁く通い、寺の住職と懇意にでもしているならば、気楽に住職に尋ねることができるかもしれないが、そうした関係を寺と結んでいる人が多いとは思えない。

教えてくれる人がいないのなら、自分で調べてみるしかない。書店や図書館に出かけていって、葬式や仏教についての入門書やガイドブックにあたってみることになろう。実用書の書棚には、『冠婚葬祭マナー事典』や『冠婚葬祭のお金事典』といった本が並んでいる。また、宗教の棚には『仏教入門』や『日本の葬式』といった本がいくつも並んでいる。そうした本を開いてみれば、戒名の意義やその形式、あるいは戒名のもらい方や戒名料の相場まで、一応の知識を得ることができる。

しかし、いわゆる「ハウツーもの」が、戒名についての疑問をすべからく解消してくれるかといえば、どうもそうはなっていない。というのも、このたぐいの本は、社会の「しきたり」をひとまず受け入れたうえで話を進めているからだ。したがって、習俗や慣習については、それに疑問を呈したりはせず、何はともあれそれに従っておくのが無難だという立場をとっている。

例えば、塩月弥栄子の『冠婚葬祭入門』の場合には、先にも紹介したように、「戒名まで金で買うのです」といったかたちで、現在の戒名のあり方について批判的な姿勢を示してはいる。しかし、だからといってどうやったら戒名なしに葬式がすませられるかを述べているわけではない。そのために、読者は結果的には、仕方なく現状を受け入れて、「しきたり」に従うしかなくなってしまうのだ。

これが葬儀事典のたぐいになれば、戒名について説明するだけではなく、現実の場面でもち上がってくる具体的な疑問をとり上げて、それへの対処の仕方を教示してくれる。しかし、葬儀の習俗や慣習にどう対応するかについては、基本的にはハウツーものと変わらない姿勢を示している。戒名についても、まずは生前に戒名を授かっておくのが本来のあり方であるといった建前が述べられ、その後に死後に戒名を授かるのが一般的になっているという現実が説明され、ここでも結局のところは現在の仕組みが正当化されてしまうのだ。

私は、この本のオリジナル版にあたる『戒名　なぜ死後に名前を変えるのか』を法藏館から一九九一年に刊行しているが、その本が出版されるまで、戒名そのものを対象とした書物の数はきわめて限られていた。寺院向けの戒名のつけ方についての本や、宗派が檀家向けに配布している小冊子のたぐいを除けば、戒名についての本はこれまでにとり上げてきた二人の本があっただけだ。原勝文の『戒名よもやま話』(琵琶書房刊の『ものがたり戒名』の改訂版)とひろさちやの『戒名・法名のはなし』である。

この二人の本を読んだからといって、戒名についての疑問がたちどころに解消されるわけではなかった。もちろん、それぞれの本の中では戒名についての問題点が指摘されている。そして、私たちが戒名についてどういった姿勢で臨めばよいのかについて、著者それぞれの見解が述べられてはいる。『戒名よもやま話』では、故人の生前の功績を顕彰するシンボルとして戒名を考えるべきだという見解が打ち出されている。また、『戒名・法名のはなし』では、院号のついた長ったらしい戒名ではなく、仏教徒になった証として短くてシンプルな戒名を生前に授かっておくべきだという提案がなされている。

ところが、院号のついた戒名が強制された場合、あるいは故人が院号を望んでいたという場合に、それにどう対処したらいいかというようなことについては、これらの本を読んでもわからない。結局は、ひろさちやのいうところの「ブディスト・ネーム」として戒名を受け入れることで、納得するだけに終わってしまったのではないだろうか。少なくとも、これらの本の中では戒名を否定したり、それを拒否したりするための論拠や方法は一切示されていなかったのだ。

沈黙する学者たち

ハウツーものや事典、あるいは戒名について書かれた本の中で、戒名についての疑問が正面きってとり上げられないのは、けっしてそうした疑問が無価値であることを意味しない。そこには、戒名について語らせまいとする何らかの力が働いている。それは、本書のとくに第三章「戒名の社会学」で見てきたように、戒名が一つの社会制度として定着し、一定の社会的な機能を果たし続けているからだ。

戒名について発言する機会があるとすれば、その代表者は仏教者や仏教学者である。ところが、仏教学者の場合、学者といってもそのほとんどは僧侶である。葬祭事典の編者も、僧籍をもつ学者によって占められているし、各項目の執筆者も同様である。彼らにとって、葬儀は自分たちの仕事であり、生活を支える経済活動にほかならない。葬儀や法要を営むことが彼らの収入の大半を占めているのだ。そうした立場にある以上、彼らに戒名についての批判的な見解を期待することはできない。死者を差別することが「年中競争好きな国民性からやむをえない」（前掲『葬儀大事典』）という発言が出てくるのもうなずけるのだ。

ところで、一般の僧侶たちは戒名について十分な知識をもちあわせているのだろうか。僧侶になるために勉強を重ねていくなかで、葬式のやり方については、実践を含めて学ぶ機会はいくらでもあるとは思うが、戒名についてはどうだろうか。本山が末寺にたいして戒名についての指導を行なっていないという点を勘案すれば、戒名について十分な知識が与えられていない可能性がある。

戒名についての知識が十分でないのは、戒名についての学術的な研究が存在しないからでもある。仏教の教えや思想についての研究は昔から厖大な蓄積があり、その成果は書物となって多数刊行され、書店の棚をにぎわしている。ところが、その一方で、現実に行なわれている仏教の儀礼や制度について客観的に研究した本は意外に少ない。どうして戒名がこれほど日本の社会に定着したのかを研究したような書物は皆無だといえる。

たしかに、釈尊の生涯やその思想、あるいは親鸞や道元の宗教思想をとり上げたほうが、研究の課題としては「高度」なものにみえるかもしれない。戒名の研究などといえば、思想性を欠いたはるかに「低俗」なものにみられかねない。あるいは戒名の社会への定着の過程を問題にするには、歴史学的、社会学的な研究が必要となり、それは仏教学の扱う範囲を逸脱することになる。

しかし、戒名の研究が存在しない理由は、もっと現実的なところに求められるべきであろう。戒名を含む葬儀のシステムは、すでに説明したように、仏教寺院にとっては最も重要な収入源であり、しかも戒名の格が葬儀の規模を決定するようになっている。いわば戒名は、仏教寺院にとってかけがえのない「商売道具」なのだ。寺と関係が深い仏教研究者が、はたしてこの商売道具の存在意義を問い直すような研究に着手しようとするだろうか。

しかも、歴史的に考えてみれば、戒名は仏教の教えとの関係が希薄である。すでに第四章で詳しくみてきたように、戒名が仏教の教えに根拠をおいているとはいいがたい。もし、戒名について深く研究していったらどうなるのだろうか。戒名のシステムが、仏教の教えとは無関係なところから生まれてきたことが明らかになり、その宗教的な意義を主張できなくなる。逆に、戒名を仏教信仰の立場から批判していく必要さえ出てくる。それは、戒名のシステムを容認している仏教界の責任を問うことにもなってくる。

こうした点を考えれば、戒名についての研究が生まれてこないのは構造的な原因にもとづいているといわざるをえない。戒名についての研究は、仏教界にとって望ましい研究課題ではない。むしろ避けて通りたいテーマなのだ。戒名について研究を進めれば、研究者は自らの仏教者としてのあり方を問われることになる。僧侶の職が「家業」となった現状では、あえて戒名について問い直そうとする仏教学者が現われないのも当然であろう。

2　戒名への欲望

免罪符としての戒名

もし、いまの日本の仏教界にマルチン・ルターのように宗教改革を志す人物が現われたらどうなるのだろうか。ルターは、当時のキリスト教会が本来のキリストへの信仰から離れた存在になっていることを鋭く批判した。とくに彼が批判の対象としたのが、当時の教会が発行していた「免罪符」であった。免罪符は、信者からの金銭的な寄付に対して無制限に与えられ、その個人の救済を保証するものであったが、ルターはそれを槍玉にあげた。神による救済は、金銭によって得られるものではなく、個人の信仰によってのみ保証されるのだというのが、ルターの主張であった。

ルターが、今日の日本に出現し、戒名のシステムについて知ったとするなら、それを免罪符と同類のものと考えることだろう。そうしたシステムの存在を許容している仏教界を批判し、根本的な改革を要求することであろう。戒名が仏教の本来の教えと無縁であるばかりでなく、社会的な差別を助長し、それを固定化することに寄与している点を鋭く批判するにちがいないのだ。

いまのところ、日本の仏教界には、ルターのような人物は現われていない。第三章で紹介した松原住職のように、戒名のあり方に疑問を感じて、自らの実践を通してそれを批判する人間もいなくはない。しかし、松原住職にしても、戒名そのものを否定しているわけではないし、その実践をより徹底させて、現在の仏教の改革を志しているわけではないのだ。

ただし、戒名についての責任は仏教界にのみあるわけではない。免罪符の発行を望む民衆がいたように、戒名、それも院号のついた格の高い戒名を望む人間がいるからこそ、現在の制度が存続している。そうした人間は、現実の戒名の制度を、むしろ好ましいものとして受け取り、それに満足している。彼らにとって、現在の戒名の制度が崩れることは望ましいことではなく、戒名についての批判的な見解が出てくることは歓迎すべきではないのである。

戒名は社会的な威信を公に誇示するためのシンボルであり、その象徴的な力によって、彼らの後を継いだ人間たちの行動を支え、あるいは規制することができる。死者は死後においても、戒名というシンボルを通して、自らの力を生者たちにおよぼすことができるのだ。また逆に、生者の側も、死者の戒名を利用する。立派な戒名をもつ死者を祀ることによって、自分たちも死者のもっていた力を分けもつことができるからだ。

戒名の力を利用できる者にとっては、現在の戒名の制度が存続してくれる方が望ましい。そのためには、社会全体が戒名について無意識に肯定する態度を続けてくれなければならない。いい戒名とそうでない戒名の価値を区別する人間が多いからこそ、戒名によって社会的な威信を示すことができるのだ。もし誰も格の高い戒名について関心を抱かなくなれば、立派な戒名をもらう意味はなくなってしまうのだ。

戒名をもらう側も、与える側と同様に、現在の制度が批判の対象となることを望んでいない。彼らにとって、戒名の本質があまり表ざたにされることは好ましいことではない。むしろ表向きは、仏教の世界での戒名の意義が積極的に説かれ、その裏では、格の高い戒名は故人やその遺族の社会的な力を示すものだという常識が生き続けてくれたほうが望ましいことなのだ。

社会全体にとっても、現在の戒名の制度は好ましいものであるといえよう。というのも、戒名はその格によって社会的な上下関係を示し、それを固定化する機能を果たしているからだ。戒名は、社会関係のシンボルとして、社会の秩序を表現し、それを自明のものとして印象づけることによって、社会の安定をはかる役割を果たしているわけだ。

宗教的シンボルとしての戒名

ここで思い出されるのが、アメリカの人類学者クリフォード・ギアーツによる宗教的シンボルについての議論である。戒名も、ギアーツがいうところの宗教的なシンボルの一つに含まれるものであるが、ギアーツは、宗教的なシンボルの機能を二つに分けて考えている。一つは、それが現実「についてのモデル」になるという機能であり、もう一つはそれが現実「のためのモデル」として機能するという側面である（「文化体系としての宗教」、『文化の解釈学I』吉田禎吾・柳川啓一他訳、岩波書店所収、参照）。

現実「についてのモデル」というのは、宗教的シンボルに、社会的な現実を鏡のように映し出す役割がある点を指している。これを戒名についてあてはめてみるならば、戒名には、故人の生前の業績や宗派ばかりでなく、その社会的な地位が反映されるということだ。社会的な威信の高い人間の戒名の格は高く、それは位牌や墓石に刻まれて永遠に残っていく。つまり、戒名という宗教的なシンボルを見れば、そこには死者についての現実が見事に映し出されているわけだ。

一方、現実「のためのモデル」というのは、それが、たんに社会的な現実を映し出すだけではなく、逆に社会を規定する働きを示していることを指している。これまでみてきたように、戒名の格によって葬儀や法事の規模が決まり、寺院へのお布施の額が決定される。故人は、戒名の格を通して死後も跡継ぎである生者に影響力を行使することができる。院号が、一定の社会的、経済的な条件を満たしている人間にしか与えられないところに、それは端的に現われている。戒名は、そうしたかたちで社会秩序の維持のための役割を果たしている。要するに、戒名は社会を支える宗教的なシンボルの一つなのである。

戒名が社会秩序を維持することに貢献している以上、社会は戒名に対する批判を好まない。戒名を批判することは、それだけにとどまらないからだ。戒名への批判は、仏教式の葬儀のあり方や僧侶の宗教者としての姿勢、さらには日本の仏教そのもののあり方にたいする批判へと発展していくかもしれない。それは、結局のところ日本の社会そのものを批判することにもなっていくのだ。

現在の社会が変化することを望まない人間は、戒名の制度が存続してくれることを望んでいる。そうした人間たちは、自分たちが高い戒名料を払わされたことを周囲に向かって嘆くことはあっても、それは自分にそれだけの余裕があることを暗に示すことによって、自尊心を満足させているわけなのだ。戒名の制度がなくなってしまえば、その機会もなくなるだろう。

批判を封じるメカニズム

戒名についての批判が封じられていくメカニズムは複雑である。批判を封じるために最も有効な手段は、議論そのものを起こさせないことによって、問題を一般の人たちの意識にのぼらせないことである。議論するための機会がなければ、戒名についての個人的な疑問も解消されないまま忘れ去られていく。そうしたかたちで議論が封じられていくうえで、日本人が自分たちと宗教との関係をつねに曖昧なままにしてきたことが一つの大きな要因になっている。宗教を自覚的に考えようとする姿勢がそもそも育ってはいないのだ。

各種の世論調査において、これまで信仰率の調査が行なわれてきた。そうした調査によれば、宗教を信じている日本人の割合は約三分の一となる。逆に信じていないと答える者が三分の二となる。この比率は時代によって若干の変化はあるものの、大筋では変わらない。世界の諸国と比較してみると、信仰をもっている人間の割合はかなり少ないことになる。

ところが、文化庁の宗務課が毎年刊行している『宗教年鑑』によれば、信者数の合計は二億数千万人に上り、これは日本の総人口をはるかに上回っている。これは、各宗教団体の申告にもとづいてそのまま信者数を計算しているためで、一人の人間が、地域の氏神である神社からは氏子として、菩提寺の寺院からは檀家として二重に数えられていることになる。キリスト教や新宗教の教団の信者の場合には、三重に数えられている可能性さえある。

私たちは、この二つの数字に、日本人の信仰についての意識と行動とのズレを見ることができる。日本人は自分の信仰について明確な自覚をもっていない。自分が神道の信者なのか、仏教の信者なのか、はっきりとは自覚していないのだ。ところが、宗教的な行事や儀礼への参加はさかんである。正月の初詣には数千万人の人間が神社・仏閣を訪れる。年中行事や通過儀礼もさかんで、その際には祈禱をしてもらったり、参拝のために宗教施設を訪れたりする。結婚式や葬式も、たいていの場合には宗教の形式にのっとって行なわれる。世論調査の回答では、「信仰なし」と答えた人間でも、神道式で結婚式を挙げ、仏教式の葬儀によって葬られていくのが普通なのである。

しかも、そうしたかたちでの儀礼や行事は、宗教的な行為としてではなく、習俗や慣習としてとらえられている。信仰には個人の選択の要素が強いのにたいして、習俗や慣習となると、「しきたり」としての面が強くなり、社会的な強制力をもつことになる。どうしてその儀式に参加しなければならないかという疑問も、それが「しきたり」だからという一言で片付けられてしまう。なぜ、そうした行事をしなければならないのかと問い質してみても、それは伝統であり、昔から行なわれてきたのだと一蹴されてしまうのだ。仏教式の葬儀は、慣習や習俗のレベルにかなり近いのだ。

建前と本音の力学

戒名を含めた仏教式の葬儀システムは、習俗や慣習の領域に組み込まれることによって、批判を免れるとともに、一定の強制力を発揮することとなった。なぜ仏教式の葬儀でなければならないのか、なぜ死者に戒名が必要とされるのかの理由は明らかにされないまま、慣習には従うべきだという風潮がいつのまにか作り出されている。世間の「しきたり」には従うべきだという常識が、建前の背後に本音を隠してしまうのだ。

建前で考えれば、次のようなことになる。死者は、死後極楽浄土へ生まれ変わることになる。極楽浄土は仏教に帰依した者の世界であり、仏教徒になるためには僧侶から戒名を授からなければならない。極楽浄土に無事往生できるかどうかは、故人の生前の行ないによって決まるが、遺族の行なう追善供養によって、往生の可能性が高まる。生前の行ないがよくなかったり、供養が行き届かなければ、死者は地獄へ落とされる恐れがある。

しかし、本音の部分では、死者にかかわるさまざまな人たちの思惑が複雑にからみあっている。死者は、立派な戒名をもらうことで、生前の自分の力を死後にまで存続させようとする。故人が生前に立派な戒名を授かっていたり、あるいは死んだときに授かりたいという強い希望をもっていたとしたら、遺族はなかなかその意志に逆らうことはできない。

また、遺族の側も、故人を利用して、自分たちの社会的な地位や実力を誇示しようとする。しかも、立派な戒名は故人の遺志であったと言えば、自分たちの思惑をカモフラージュすることができる。さらに、葬儀や法事を盛大にすれば、故人の恩にたいして十分に報いたという心理的な満足を得ることもできる。

寺院の側にとっては、いい戒名をもつ檀家は、重要な顧客であり、経済的な貢献を期待できる対象である。いい戒名をもらえばそれだけすみやかに往生できるなどとは表だって主張されることはないにしても、信者たちのそうした期待を積極的に否定したりはしない。仏教式の葬儀はあくまで生者のためのもので、死者には一切関係がないと言おうものなら、自分たちの行ない自体を否定することにもなるのだ。

社会全体の利益を考えるなら、立派な戒名をもらった家の葬儀は、消費を喚起するという意味で、多くの人間を潤すことになる。その恩恵にあずかるのは、たんに葬祭業者だけではない。火葬場には民営のものも少なくなく、火葬の仕方にも、葬儀や戒名と同様にランクがある。通夜の宴席や精進落としのときには、寿司屋や仕出屋が商売になる。葬儀のときの花、会葬者にくばられる酒や海苔、会葬礼状の印刷など、細かいものを含めれば、葬儀が盛大になるだけ、より多くの人間が経済的な利益を得ることになる。

こうした隠された本音の部分が満足されるためには、格の高い戒名、つまりは「いい戒名」を望む傾向がつづいていかなければならない。高いお金を出してでもいい戒名をもらいたいという、戒名への欲望が衰えないことが必要なのだ。「しきたり」という仮面の下に、そうした欲望が渦巻いている。

権力としての戒名

戒名というのは、奇妙な制度である。それを仏教の信仰の側から考えていっても、その実態は見えてこない。戒名が現在の社会の中でどういった機能を果たしているかを考えることによって、初めてその意味が理解されてくる。そして、仏教者たちは戒名を正当化するための説明を作り上げ、儀礼をくりかえすことによって、その存続をはかろうとするのだ。

戒名は、公に定められた制度ではない。その起源も曖昧である。一般には、仏教の教えと結びつけて理解されているが、日本に見られるような形態は、日本だけに限られている。日本以外の社会には戒名は存在しない。ところが、その事実は公けにされないまま、死者に戒名をつけることはあたりまえだという観念が生きつづけている。それでいて、戒名は生者たちに対して大きな影響力をもっている。戒名は、無言のうちに私たちを動かしているのだ。

私たちは、この戒名を「権力」としてとらえるべきなのではないか。ただし、ここでいう権力とは、フランスの哲学者ミッシェル・フーコーのいうところの権力である。フーコーの考えた権力とは、国家権力や教会の権力といった目に見える権力の形態ではなく、目に見えない権力、「不可視の権力」なのである。フーコーは、不可視の権力においては、権力を行使する「主体」というものが想定できないと考えた。そして、権力は私たちの言語活動に作用するが、権力そのものはとらえられず、権力が作用した痕跡だけが残されると考えたのである。

フーコーは、私たちが独立した主体として、自由な意志をもち、自己決定できるという考え方に対して根本的な疑問を提示した。もし、私たちが自由な主体であるならば、不可視の権力など実在しないはずだ。しかし、私たちには権力が作動し、私たちがどう考え、どう発言し、どう行動するかは、その権力の作用によって規定されているのである。

戒名も、そうした権力が発動し、作用した痕跡として考えることができよう。戒名自体は、けっして権力を発動し、作用させる主体ではない。戒名そのものが私たちを動かし、葬儀や法要を営ませているわけではない。あるいは、もの言わぬ死者が主体であるわけでもない。遺族も寺院も、葬祭業者も、どれも主体であるとはいいがたい。ところが、私たちは戒名によってたしかに動かされている。しかも、私たちはその権力から容易には逃れることができないのだ。

どこからともなく生まれてきた戒名は、いまや、もっともらしい顔をして、この社会に定着し、確固とした地位を占めている。それはさまざまな難問を生み出し、私たちを困惑させることがあるにもかかわらず、何くわぬ顔で、存続しつづけている。しかも、多くの人たちはそれをありがたがってさえいる。戒名は、戒名への欲望を喚起しながら、私たちを権力のもとに服従させているのだ。そこに戒名を扱うことの難しさがある。戒名への批判は、いつか私たちの生き方への批判につながってくるからだ。

第七章　戒名の行方

1　戒名の未来

都市問題として

二つの問題が残った。一つは、これから戒名はどうなっていくのかという問題だ。そして、もう一つはそうした予測を踏まえて、私たちは今後、戒名にどう対処していくのかという問題である。もちろん、戒名だけが問われているわけではない。葬儀をはじめとして、死者をいかにして葬るかということを全体として考えなければならないのだ。

まずは、戒名の今後を占ってみたい。そのためには、仏教寺院の側から考えることにしよう。実のところ、戒名のあり方について本当に疑問をもっているのは、仏教寺院を営む僧侶、住職たちなのではないだろうか。松原住職は、氷山の一角にすぎないのではないか。住職としての職務をつづけるなかで、葬儀に依存しない寺院経営のあり方を模索することもあろう。しかし、現実にはそこから脱皮するてだてを見出すことはできないのだ。仏教＝葬儀という固定したイメージがあることも、脱皮を難しくする一因といえる。葬儀を中心にしなければ、ほかに寺院を維持していく方法が見出されないがために、現状を改革しようとする意欲が生まれてこないのである。

住職としては、まず第一に寺院の維持、運営を考えなければならない。実質的に家業である以上、受け継いだものを、次の代に無事ひき渡していく使命がある。檀家もそれを期待している。経済基盤が確立していなければ、寺院の維持は難しくなる。いま、寺院はその点で困難に直面している。それがどのような困難なのかについては、大都市部と地方とを分けて考える必要がある。両者の直面している事情は、かなり異なっている。

大都市で寺を維持していくためには、日常的にかなりの費用がかかる。私たちは、寺なら掃除が隅々まで行き届いていて、庭木も綺麗に手入れされているのが当然だと考えている。けれども、広い寺の中を住職の家族だけで掃除することは大変だし、庭木ともなれば職人を呼ばなければならない。檀家が多ければ、住職一人で法事をあげるわけにもいかず、副住職や弟子というかたちでほかの僧侶を雇っておかなければならない。当然、そうした人間たちにも給与を支払わなければならない。

あるいは、建物の維持や修繕にも相当に費用がかかる。場合によっては、本堂の建て替えなどということもしなければならないときがある。その費用をすべて檀家が負担してくれればいいが、そうもいかなければ、ある程度の蓄えもしておかなければならない。

このように、大都市であればあるほど、寺の維持運営に相当の費用がかかる。そのうえ、地方に比べて大都市では、檀家と寺との関係が相当に希薄なものになっている。そもそも檀家であっても、檀那寺があるのとは別の地域に住んでいる人間も多く、日ごろの付き合いはほとんどなくなっている。葬儀や法事がなければ、檀家が寺を訪れることはなく、せいぜい彼岸や盆正月などの時期に墓参りにやってくる程度である。

関係が希薄であるために、檀家の側には、檀家としての意識、つまりは、宗教法人の一信者として寺を支えているのだという気持ちが薄れてしまっている。寺はあくまで住職のものであり、自分たちは葬儀や法事の際にサービスを受ける消費者にすぎないという意識が強くなっている。そのために、檀家は普段、檀那寺に布施したりはしない。そうである以上、寺の側としては、葬儀の際に檀家からまとまった額の布施をもらうしかない。そのとき、戒名の授与ということが布施の額を増やすことに利用されるわけである。

そのため、檀家の側には、葬儀の際に、多額の布施や戒名料を取られたという印象だけが残ることになる。そうなると、法事を頼めば、また多額の布施をしなければならないのではないかと警戒し、年忌法要を依頼しなくなる。それによって、檀那寺との関係はさらに希薄なものになっていく。

また、授与された戒名にしても、寺と檀家のあいだに日常的な関係がないため、住職が故人のことをまったく知らないという場合も出てくる。顔を合わせたことはあっても、その人間がどういう存在で、どういった人生を歩んできたかまでは承知していないだろう。戒名は故人の人生の集大成としての側面があり、故人を実際に知らなければ、戒名はどうしてもおざなりなものになってしまう。そうなると、戒名のありがたみも薄れ、檀家の満足度が下がり、いっそうの寺離れを引き起こすことにもなりかねない。このように、寺と檀家の関係は悪循環に陥っている部分がある。一部の僧侶のなかには、院号のついた長い戒名を授かるには多額の戒名料が必要だとする風潮に便乗して、檀家関係がない人間から法外な布施をとる者もいる。それは道理として成り立たないことだが、一般の人々の無知につけこんで、荒稼ぎをしているわけである。

新たな模索

一方、地方の寺は、いま、経済的にかなり苦しい立場に負い込まれている。とくに農村地域では、人口の都市への流出や出生率の低下によって過疎化が進行し、檀家の数の減少がつづいている。檀家の数が少なければ、葬儀や法事をこなしているだけでは生活が成り立たないし、寺を維持していくことはできない。住職は他の仕事について、その合間に葬儀や法事を行なうことになるが、兼職するための仕事がなければ住職もつづけられない。まして、檀家の数がさらに減少してしまえば、いざ寺院の建物の修理や建て替えが必要になったとしても、そのための資金など集めることはできない。

そうした状況になれば、住職は寺院を捨てて、他の村人と同様に都会に出ていかなければならなくなる。意欲的な住職の中には、都市周辺の新興住宅地で新しい檀家を確保するために宗教活動を行ない、新しく寺を建立したというような例もある。だが、都市部において寺を建て、墓地を開くだけの土地を確保するには多額の資金がいる。宗派の中には、新規寺院の開拓を支援しているところもあるが、十分な資金援助が得られるという保証はない。しかも、住宅地に墓地を作ろうとするには、地域住民の理解を得なければならず、それが難しかったりもするのである。

たしかに都市では、寺院墓地の不足という事態が起こっている。高度経済成長の時代などに地方から都市に出てきた人々は、最初、都市で成功をおさめたならば、故郷に錦を飾ろうと考え、自分が亡くなった場合には、故郷の墓地に葬られたいと願っていたかもしれない。しかし、都市での生活が長くなり、定着してしまえば、田舎に葬られることを考えなくなり、都市に墓所を求めようとする。

ところが、都市にある墓地は限られていて、入手困難である。また、便利な場所にある墓地ほど人気があり、その権利を確保するために多額の金を必要とする。郊外なら価格も安いが、遠くて交通の便も悪く、簡単に墓参りにも行けないものが少なくない。墓を守っている人間が年配者なら、まったく墓参りには行けないということも起こりうる。その点で、都会にある寺の墓地には人気があり、空きがあればそこに墓地を求めたいという人間がすぐに出てくる。

また、交通の便利な都会にある寺なら、たとえ檀家の数が少なくても、さまざまなかたちで経営努力をはかることができる。祈禱寺、あるいは祈願寺として人を集めることも、そうした努力の一つである。拙著『厄年の研究』（学研M文庫）で、栃木県佐野市の佐野厄除け大師のことについてふれたが、そこはモータリゼーションの進展を背景に、厄年における厄払いに特化することで、参拝者を大幅に増やすことに成功したのだった。

水子供養がさかんになってきたことも、寺の経営努力の一環とみることができる。水子の霊に対する漠然とした恐れの感覚を刺激することによって、忘れられていた水子を供養の対象へと転換させたのだ。寺院の横に並ぶ水子地蔵の一群は、現代的な風俗であるとともに、寺院をより広い範囲での供養のためのセンターにしようとする試みを示している。不安をいたずらにあおっているという批判もあるかもしれないが、その需要があることもたしかである。

死んだペットに対する供養も、そうした試みの延長線上にある。家庭において長年かわいがられてきたペットは、盲目的な愛情、つまりは溺愛の対象でもあり、その死は飼い主を深く悲しませる。そこからペットの死後、それを人間同様に手厚く供養してやろうという意識が生まれる。寺院の中には、ペット・ブームを利用するかたちで犬や猫たちの供養を行なうところが増えてきている（ペットの供養については、中牧弘允『宗教に何がおきているか』を参照）。

ペットの供養の場合、人間ではないので戒名は授けないとしている寺もある。しかし、一方では、ペットにも戒名をつけている寺もあり、一定していない。あるいはこれから、戒名を授かるペットが増えていくことになるかもしれない。

2　戒名の行方

無縁化と死者の増加

このように、都市を中心に寺の経営基盤を強化する試みが行なわれているわけだが、どの寺もこれから深刻な危機に直面する可能性をもっている。とくに、核家族化のいっそうの進行や未曾有の少子化が続くことで、家の継承が非常に難しくなってきている。家が受け継がれていかなければ、墓を守る人間がいなくなり、墓は無縁化していかざるをえない。「無縁墓」の増加である。

無縁墓が増えていけば、管理料も支払われなくなるし、当然、葬儀や法事が依頼されることもない。都会の寺の墓であれば、そこに入りたいと願う人もいるわけだが、墓の使用許可をすぐに取り消し、墓石を取り払って、新しい檀家を迎えるというわけにはいかない。たとえば東京都では、条例によって、管理料を五年間滞納しなければ、使用許可を取り消せないと定めている。

また、無縁墓の予備軍ともいえる墓も増えている。それは、夫婦二人の家の先祖を合同で祀っている墓で、墓石には「南無阿弥陀仏」とか、「南無釈迦牟尼仏」と記し、墓誌に二つの家の墓であることを明記したものである。おそらくそれは、妻のほうに姉妹しかいない場合であろうが、こうした例はいま確実に増えている。もし、そうした家の子どもが同じような境遇の相手と結婚したら、いくつもの家の祖先を祀らなければならなくなり、相当に厄介なことになる。墓は一つでも守るのが大変だが、複数の墓を守ることは容易ではない。しかも、その場合でも、いつ無縁化してしまうかわからないのである。

現在の日本社会においては、急激な高齢化が進んでいる。高齢化が進むということは、死亡者の数が増えるということでもある。戦後、死亡者の数は減り続け、一九六〇年代から七〇年代にかけては、男女共三十万人台にまで減少していた。ところが、一九八〇年頃を境に、死亡者の数は増え続け、現在では男女合わせて百二十万人を超えている。死者が増えるということは、葬儀の数も増えるということであり、葬儀の問題、そして戒名の問題は、今後ますます重要な事柄になっていく可能性がある。

その点は、寺の経済状況にはプラスに働くであろうが、檀家の数の増加や無縁化の減少に結びつくとは限らない。あるいは、葬儀においては、葬祭業者の力が大きくなっていて、寺が葬儀に主体的にかかわれないような状況も生まれている。それに、死者が増え、葬儀や法事の機会が増えれば、寺はそれにかかりっきりになり、他の宗教活動に力を入れることが難しくなる。あるいは、これまで以上に寺の葬式仏教化が進んでいくかもしれない。

いま、寺自体、あるいは葬式仏教というあり方が大きな転換点を迎えようとしている。事態は流動的で、これからも次々と変化が訪れるだろう。その動きに寺の側がうまく対応できなければ、檀家や一般の人々の中に不満が蓄積されていくことになる。宗教というものは、人々の心の平安に役立つものでなければならないという考え方もあるが、はたしていまの仏教は、そうした方向にむかっているといえるのか。その点が問われようとしているのである。

寺の説明責任と透明性

戒名に関して、いま、仏教界や寺に求められているのは、一方では説明責任を果たすということであり、もう一方では透明性を高めるということである。

仏教界は、戒名を仏弟子の証としてとらえ、生前に授かっておくのが本来の姿であると説明する。しかし、だからといって、死後に戒名を授けることをやめるわけではない。そこに大きな矛盾があるわけだが、そうした矛盾が生じてしまうのも、戒名という慣習が、仏教の教えに根差したものではなく、日本に独自の習俗だからである。

日本には、独特の「名前の文化」というものが存在している。現在では、たいがいの人たちは、生涯にわたって、同じ一つの名前を名乗ることになっているが、昔の武家社会などでは、幼名あるいは童名から始まって、次々と名前を変えていった。例えば、源義経なら、幼名は牛若丸で、鞍馬寺に入ってからは遮（沙）那王と改め、元服してのちに九郎義経を自ら名乗ったとされている。

このように、日本には、一人の人間が成長していくにつれて異なる名前を名乗っていくという名前の文化が存在し、芸能の世界では「襲名」といったことが重要な意味をもっている。歌舞伎の世界では、襲名興行が人気を集めている。戒名もまた、こうした名前の文化の延長線上に存在するもので、その点では死後に名乗る死者の名前にほかならない。

つまり、戒名は、仏教の教えにもとづくものではなく、日本の文化を背景にして生み出された文化的な産物なのである。そうである以上、戒名を仏教の教えに関連付けて説明しようとすると、どうしても無理が出てきてしまう。仏教界にとって必要なのは、まずこうした事実を認識し、それを認めることである。

戒名は、出家者が得度したときに名乗るものとは根本的に性格を異にしている。日本では、亡くなることを「成仏」というが、戒名はそれと関連する。その点でも、戒名を死者の名前であり、いくら仏教界が生前戒名が本来の姿であると説いたとしても、説得力をもちえない。戒名を死者の名前としてとらえ、故人の人生の集大成として考えるべきなのである。

また戒名料についても、仏教界は、戒名を授かったときに自発的にする布施であり、本来料金ではないと説明している。しかし、現実に戒名料は料金として存在しており、その事実は否定できない。しかも、それぞれの寺は、戒名料というかたちをとることで、檀家からかなりの額の布施を集めている。

問題は、檀家から布施を集めること自体ではない。寺の成り立ちから考えて、檀家からの布施は不可欠であり、それがなければ寺の運営維持は成り立たない。ところが、寺は檀家に対して、その点を明確には説明していない。そのため、檀家の側は布施の意味を理解できないままになっている。

寺は、寺院経営において布施が不可欠である点をはっきりと説明し、そのうえで檀家に布施を呼びかけるべきである。檀家がその点を納得したうえで布施をするなら、不満は生まれない。戒名に無理な意味付けを施し、格の高い戒名を望む檀家の欲望につけこんで、戒名料というかたちで布施を集めようとするから、不満が生まれ、不信感が募るのだ。

寺が、檀家による布施の必要性を説くとしたら、経理面での透明性が求められる。

寺は宗教法人であり、公益法人の一つとして公益性をもっている。一般の営利企業なら、利益をひたすら追求することは許されるが、宗教法人の場合には、利益の追求を優先すべきものではないはずだ。経理的な面が不透明であれば、檀家に納得してもらうことはできないのである。

檀家の欲望

檀家の側も、現在の戒名のあり方を積極的に批判し、それを改めようとはしていないようにみえる。それは、人々の間に戒名の格による差別化を望むところがあるからだ。彼らは、葬儀を通して故人やその家の経済力や社会的な地位を誇示しようとする。もし、戒名が差別化に役立たないとしたら、その時には祭壇を豪華なものとしたり、読経する僧侶の数を増やしたりということで、ものに頼って葬儀を壮大なものとするしかないであろう。それでは、あまりにも遺族の欲望があからさまになってしまう。戒名はそうした欲望を覆い隠し、仏教の教えによると見せかけてそれを正当化してくれるのだ。

要するに、院号のついた戒名というものがなくなってしまえば、葬儀を通して社会的な地位を誇示することが難しくなってくる。何段階かに分かれた戒名の格は、差別化の恰好の指標なのだ。多額の戒名料を払った人たちは、多くはその実情を嘆く。しかし、それは自分がそれだけの経済的な負担に耐えられることを、周囲に示すことにもなっている。彼らは嘆くふりをしながら、ひそかにほくそ笑んでいるのではないだろうか。

そうした欲望があるかぎり、戒名の格はなくならない。むしろ、戒名料が上昇し、負担が増えてくれたほうが好ましいのかもしれない。人間の自尊心、プライドには限りがない。自分の威信を誇示できれば、少しくらいの経済的な負担など、気にはならないのだ。こうして檀家の側も、現在の戒名のあり方を問い直そうとはしない。仏式の葬儀や戒名がしきたりとしての性格をもってくるのも、以上のような欲望の構図があからさまになることを好まない人間が少なくないからだ。

3　戒名からの脱出

現世拒否の姿勢

前節での考察を通して、現行の戒名の制度がこれからも存続していくであろうという見通しを得た。戒名を与える側の仏教寺院にとっても、戒名をもらう檀家の側にとっても、戒名は一定の、しかも重要な役割を果たしている。その必要性は、寺院の経済的な状況、そして現在の日本社会の価値観にもとづいている。その価値観は、バブルの時代に強化され、それが崩壊した後も基本的には変わっていない。

第四章で、もし釈尊が日本の戒名のことを知ったら、大いに首を傾げるだろうということを述べた。世俗的な価値に執着することを否定した釈尊にとっては、日本の仏教徒が戒名にこだわる姿は自分の教えが曲解された証拠でしかないだろう。やはり自分の悟った高度な教えは難解すぎて、一般の人間には理解できなかったのだと考えるかもしれない。法を説くことの難しさを痛感することであろう。

出家という態度を軽視してしまえば、仏教の教えはなしくずしにされていく。死後、仏になることが、かえって世俗的な価値への執着を強めている。出家であるはずの僧侶が家業となることによって、よけいに家の問題に苦しまなければならない。家業の「業」は、まさにカルマ（業）なのである。カルマからの解放を目指したはずの仏の教えが、結局はカルマによって呪縛されてしまったのだ。

重要なことは、戒名の制度なり、しきたりなりの外側に立つことなのではないだろうか。そのためには、一つには世俗の価値を徹底的に否定し、現世拒否の姿勢を貫くことであろう。本当の意味での「出家」が求められるのだ。出家として、世俗の社会の外側にとどまり、戒を守って欲望を断ち切ることに徹するわけだ。それは、釈尊の理想に回帰することにもなろう。

あるいは、現在の戒名のあり方を強く批判するということも考えられる。すでにみてきたことからもわかるように、戒名が釈尊の教えにもとづくものではなく、仏教が日本化する過程で生まれてきたものである以上、戒名を否定することは論理的に十分可能だ。戒名の格や差別戒名をとり上げて、戒名の差別性を批判していくことはできる。信仰のない人間を、死後に無理に「仏」にしたててしまうことも批判の対象となりうる。「キャッチバーと同じ」だという梅原正紀の批判についてはすでに紹介したが、経営評論家の森谷清彦も、次のように、経済の観点から現在の戒名のあり方について批判している。

「戒名代には〝値段〟がない、高い、ということです。これは『一見客は高いが、なじみ客にはサービスがいい』という銀座あたりのバーに似ているようです。檀家としてお寺さんとの『おつきあい』が日頃からいいと安くしてくれるが、それにしても高い。ともあれ無信仰者が、こういう高い戒名代を払う必要はないでしょう」(『ものがたり戒名』)

ただし、評論家的に戒名のあり方について批判することは、それほど難しいことではないが、自分が当事者である場合には、周囲との軋轢を覚悟しなければならない。例えば、院号のついた格の高い戒名など自分はほしくないと言っていても、遺族が故人の意向にそうとは限らない。戒名の格は遺族にとってこそ重要だからだ。歌舞伎の名優、六代目尾上菊五郎は、「オレが死んだら、院号なんぞつけたら、化けて出るぞ」と明言していたために、その墓石には「菊五郎居士」とだけ刻まれている。「化けて出る」といった芝居がかった表現が必要だったのも、そうでもしなければ自分の遺志が生かされないと考えたからであろう。

批判するのなら、それは徹底したものでなければ意味をなさない。戒名をブディスト・ネームとして考えようとするひろさちやは、院号や院殿号のついた「長ったらしい」戒名ではなく、「簡潔な」戒名をすすめている。これも、現状の戒名のあり方への批判であることはまちがいない。彼は、「憲信院晃誉睦道義範禅定門」という自らの父の戒名を例にあげて、こうしたいかにも立派に見えるものではなく、浄海（平清盛）や浄蓮（平重盛）といった簡潔な戒名のほうが好ましいとしている。しかし、戒名がこの社会に定着しているのは、戒名に格があって死者を差別化しているからだということを考えれば、戒名を簡潔にという主張は現実にはあまり意味をなさないように思われる。

戒名のあり方を批判することは、現在の日本の仏教を根本的に問い直すことに通じる。さらには日本の社会そのものを批判することにもなるはずだ。死者をどう葬るかといった問題は、かなり本質的な問題なのである。ただたんに戒名はまちがっているとか、簡潔なものがいいと言うだけでは、現実には何も変わっていかない。死者を葬るという行為をトータルに考えていく作業が必要なのである。

「死は別れのとき」

戒名への批判を有効なものとするためには、仏式の葬儀とは異なる形式の死者儀礼を創造する必要がある。いわゆる「無宗教式」の葬儀である。

無宗教式の葬儀の典型が、宗教学者の岸本英夫の葬儀である。岸本の学者としての歩みについては、拙著『フィールドとしての宗教体験』（法藏館）の中の「自己の死を見つめる」でくわしく述べているので、それを参考にしていただければ幸いである。岸本は、戦後のわが国の宗教行政に多大な影響を与えた人物として知られるが、その葬儀はたいそうユニークなものであった。自宅で行なわれた葬儀では、僧侶ぬきで、ベートーベンの交響曲第九が流れるなか、参列者は遺影に献花し、子息のギターに合わせて「今宵出船かおなごりおしや」の『出船』を皆で歌ったというのだ。

岸本の父、岸本能武太は宗教学者であると同時に敬虔なクリスチャンであったが、岸本自身は青年期に「神を捨てた」と明言している。大学では、インドのヨーガの聖典『ヨーガスートラ』を研究の対象とし、戦前にアメリカのハーバード大学に留学して研究を深め、宗教神秘主義をテーマとする博士論文を完成させている。さらに、山岳宗教の実地調査なども行ない、戦後は進駐軍の顧問として宗教行政にかかわるとともに、宗教学の体系化につとめた。ところが、アメリカで癌にかかって、告知を受け、ほぼ十年にわたって死と格闘する日々を体験した。その記録が『死を見つめる心』

（講談社文庫）であり、死後出版されたこの書物はベストセラーとなり、いまでも読み継がれている。

岸本は、癌との戦いのなかで、死後の世界を否定し、既成の死生観に頼らず、独自の死生観を模索した。そして、最終的には「死は別れのとき」という認識に到達する。そうした岸本の死についての独自な認識と、第九と『出船』による葬儀とは密接な関係があろう。それは、死が別れのときである点を強調するための新たな儀礼を生んだのだ。

岸本は、自らが死に直面することによって、死の恐怖と格闘するだけではなく、自分がどう葬られていくのかを考えたことであろう。無宗教式の葬儀が選ばれたことは、「神を捨てた」彼にはふさわしいやり方だった。そこに、彼の死を通しての「生き方」を見ることができるのだ。

無宗教式葬儀

人類の歴史と同じくらい古くから続けられてきた葬式そのものをなくしてしまうことは相当に難しい。葬式無用論が、大方の支持を受けないであろうことについては、すでにふれた。そして、日本人はインドから中国を経て伝えられてきた仏教を加工することによって、今日一般化した仏式の葬儀を作り上げてきた。私たちが、葬式といえば仏式を思い浮かべるのも、そうした伝統が存在するからだ。

しかし、仏式の葬儀は、形式が整っているだけに、故人の人柄を表現するには適していない面がある。石原裕次郎や美空ひばりの葬儀が個性的なものに感じられるのは、儀礼そのものからではなく、それに付随した部分からだ。ひばりの葬儀が感動的なものとなったのは、ファンの切なる思いを表現する場が、故人の写真を胸にしての大合唱という形で偶然に生まれたからだ。

その点では、無宗教式の葬儀のほうが、より個性的なものになりやすいのかもしれない。岸本の場合がまさにその代表だが、ほかにも印象的な無宗教式の葬儀がある。一九八九年五月十二日に東京新宿区の千日谷会堂で行なわれた俳優の殿山泰司の「お別れ会」がそれだ。「故人の遺志どおり葬儀・告別式という形式は避け、あくまで友人達との〝お別れ〟に徹した」ものだった（『祭典新聞』同年五月十五日号、参照）。

吉村公三郎監督による挨拶の後、遺族と参会者が献花を行なったが、『祭典新聞』は、「フリージャズを愛した故人を偲び、ニューディレクションユニットが生演奏する〝前衛音楽〟が流れるなか、ただ黙々と献花が進んで行く。自称〝三文役者〟という故人の、映画を地で行く個性的な『お別れ会』であった」と伝えている。私は昔、フリージャズの演奏会で故人の姿を何回か見かけたことがある。

また、同紙は黒眼鏡をかけた故人の遺影についてもふれ、故人の人柄が葬儀に反映されたことを、次のように報告している。

「白菊のギリシア塔花に挟まれたモノクロの遺影、そのバックの絞りこんだような白幕が、あたかも映写機から投映されているような錯覚を与える。個性派わき役に徹し、自由奔放に信じる道を歩んで来た故人、その故人を良く知る参会者のなかから、この遺影を評して〝シブイ〟と言う声がささやかれていた。

儀式や格式ばったことが嫌いだったという故人、最後まで『志』が通されたことにさぞ満足したことであろう」

儀式や格式ばったことが嫌いだったということも、儀式を通して表現されるわけだ。仏式という確立された形式を通さないことによって、故人の人柄がストレートに表に出てきているように思われる。

無宗教式の葬儀としてはほかに、ラジオドラマ『君の名は』や東京オリンピックの際の『オリンピック・マーチ』の作曲者として有名な古関裕而の日本コロンビア社葬がある。故人が作曲家だったことを反映して、葬儀はまさに「音楽葬」になった。とくに、一九四七年にヒットした『とんがり帽子』の献歌の時には、「期せずして列席者全員が唱和し、大合唱になった」という（『祭典新聞』同年十月十五日号、参照）。

最近では、こうした無宗教式の葬儀は珍しいものではなくなり、葬儀社も顧客からの要望で無宗教式で葬儀を行なう態勢をととのえている。無宗教式の葬儀であれば、僧侶は導師としてやってこないので、戒名を授かることはない。その点で、無宗教式葬儀なら、戒名にまつわる問題を回避できるのだ。

戒名にどう対処するか

戒名の問題に対してどう対処するか。事情は、どこか特定の寺に墓があり、寺の檀家になっているか、それともいないかで根本的に異なってくる。

墓そのものがないか、あっても寺ではなく、一般の霊園に墓があるということであれば、基本的には戒名の問題で煩わされる必要はないはずだ。ここでいう一般の霊園とは、地方自治体が経営する公営墓地や、宗教法人、財団法人、社団法人などが経営する民営墓地のことを指している。民営墓地の場合、経営主体が仏教系の宗教法人であっても、実際的な運営は石材店などがあたっており、檀家関係を結ぶ必要がない。

こうしたケースの場合、そもそもどういった葬儀をするか、自由に選択することができる。葬儀業者に頼んで僧侶を呼んでもらうこともできれば、他の宗教の形式で葬儀を行なうこともできるし、さらには無宗教式で葬儀を行なってもかまわない。他の宗教の形式や無宗教式なら、戒名を授かる必要もない。墓石には、俗名を刻むなり、故人の好む字などを刻めばそれでいい。

それでも、葬儀を執り行なってもらうために呼んだ僧侶が、檀家関係を結んでいないにもかかわらず、多額の布施や戒名料を要求する場合がある。そうした実例については第一章でもふれたが、檀那寺の住職でもない僧侶が、いくら院号のついた立派な戒名を授けてくれたとしても、それにたいして、多額の戒名料など払う必要はない。そこには何の正当性もないし、むしろ支払いを拒否すべきである。そうした僧侶が存在したとしたら、それはまちがいなく悪徳な宗教家にほかならない。

問題が起きるのは、やはり寺の檀家になっている場合である。檀那寺のほうでは、寺の維持運営をするための費用をまかなうために、檀家の布施を必要としている。現在では、それを戒名料というかたちで支払わせているわけで、戒名を授かることと戒名料とはセットになっている。

その際に、寺は戒名の格によって檀家を区別しており、院号などのついた格の高い戒名を授かっている檀家には、より多くの経済的な負担を期待している。そのため、寺の檀家として格の高い戒名を授かるということが、多額の布施をするということに直結する場合がある。あるいは、多額の布施をしなければ、院号のついた戒名を授かれないことがあるし、これまで寺とどういったかかわりをもってきたかで、院号が授かれるかどうかが決まることにもなってくる。

身近な例にたとえて説明すれば、院号のつかない一般の戒名と院号のついた格の高い戒名の差は、一般のクレジットカードとゴールドカードの差と似ている。ゴールドカードは、一般のカードに比較して、年間の会費がかなり高くなっている。しかし、ゴールドカードには、ステイタスシンボルとしての役割があり、社会的にそれなりの地位にある人物なら、ゴールドカードを所持していて当然であるという通念がある。

院号のついた戒名は、このゴールドカードのようなものなのである。

ただ、ゴールドカードの場合には、クレジットできる額が増えるほか、旅行傷害保険などさまざまな特典が用意されているが、院号のついた戒名の場合には、ステイタスシンボル以外にあまり特典はない。もっとも、墓石に院号を刻み、それを誇示できるということで、十分にその特典を享受していると考えることもできる。そこに価値を見出すかどうかは、個々人の考えによって変わってくることだろう。

戒名は、墓石や墓誌に刻まれることで、半永久的に残っていく。もし、そうしたことがないなら、格の高い戒名を授かって、それを誇示しようとすることもなくなるであろう。その点で、戒名を墓に刻むということが、戒名への、とくに院号のついた格の高い戒名への欲望をかき立てている。それは、寺院経済を支える上で巧妙な仕組みであるといえる。

また、戒名問題が難しいのは、家族や親族という複数の人間がかかわってくる点にある。例えば、喪主が簡素な戒名でかまわないと思っても、家族や親族のなかに、故人の生前の功績から考えて、あるいはその家の格から考えて、やはり院号のついた戒名でなければならないと考える人間が出てくる可能性がある。そうなると、家族や親族のあいだで対立が起こり、厄介な問題に発展していく可能性がある。たとえ故人の遺志が明確であったとしても、それがそのまま通らないことも珍しくはない。故人をどう葬るかは、遺族の側に委ねられていることであり、遺族の都合や意思が優先されても仕方がないのである。まさに第一章でふれた伊丹十三監督の『お葬式』に描かれているとおりである。

戒名をどうしたらいいか。とくに特定の寺の檀家になっている場合には、その答えは一つには決まらない。そこには、故人の遺志や遺族の意思、さらには寺の都合が絡み合ってきて、事態は複雑である。ただ、その際にもめ事を大きくしないためには、戒名とは何なのかをはっきりと認識し、そのうえで議論をしたり、意思を確認していくことである。もちろん、葬儀は急にやってくるわけで、悠長に議論をしている余裕はない。そうである以上、私たちは、あらかじめ戒名をどうするか、少なくとも家族のなかで意思を確認し、話し合っておく必要があるのではないだろうか。

仏教ブーム

死者を葬ることを自分たちにとって切実な問題として考え直していくことが、戒名の問題を解決していくための第一歩になる。では、仏教はそこにどうかかわってくるのだろうか。

仏教自体に対する関心は根強い。仏教関係の書物が数多く刊行され、多くの読者を獲得している。どの書店でも、宗教、そのなかでも仏教関係の本のための書棚にかなり広いスペースをさいている。最近では、仏教の教えを説いた漫画も登場した。年配の人たちばかりでなく、若者たちも仏教への関心を深めている。

本だけではない。修行への関心も高まっている。千日回峰行や大荒行といった激しい修行が注目され、記録映画やテレビの番組が作られている。たんなる知的な好奇心から一歩進んで、自ら修行に挑戦してみようとする人間もある。彼らは、修験者を先達として山での修行をしたり、禅寺での座禅に参加したりしている。

四国の八十八か所の巡礼、お遍路も毎年数多くの人たちを集めている。精神的な救いや、心のよりどころを、そうした仏教の世界に求めようとする動きは、近年になって衰えないばかりか、むしろさかんになる傾向さえ見せている。まさに、現代の日本社会には「仏教ブーム」が到来している。少なくとも、日本人の仏教への関心が相当に高いことはまちがいない。

そして、自らの死の時期の近いことを感じるようになれば、その関心はよりいっそう強く、切実なものとなっていく。世論調査に現われた信仰率についても、日本人の場合には、年齢の上昇につれて、信仰をもっていると答える人間が増えていくことが特徴になっている。自らの死後の運命に対する関心が高まり、生前に自分の墓を買うといった具体的な行動に出たりするのだ。

しかし、現実に存在する寺院や僧侶に対する関心はそれほどでもない。仏像を拝むために寺院を訪れることはあっても、そこで仏教の教えに接しようとは考えない。むしろ、寺院や僧侶のあり方に対しては批判的で、その生活態度や金銭感覚に眉をひそめる人は少なくない。戒名はその象徴であって、高い戒名料や戒名の現状に大いに疑問をいだく層が存在することは、これまでもふれてきた。そこからは、仏教に高度な宗教性を求める動きは出てこない。

日本の僧侶が妻帯していることも、僧侶と俗人との区別を曖昧にする大きな要因であろう。寺院は実質的に世襲によって受け継がれている。すでに述べたように、僧侶になるということは、出家することではなく、家業を営むことにほかならない。そして、仏教の五戒の中にある不飲酒戒は有名無実となり、酒は「般若湯」と呼ばれて修行僧の生活の中に定着さえしている。私たちは、そうしたことに慣れきっていて、仏教や僧侶とはそういうものなのだと納得してしまっている。

仏教は、完全に日本化し、日本の風土にすっかりとけ込んでいる。仏教の教えにもとづいていまの社会のあり方が批判されることはない。仏教は、世俗の生活を円滑に機能させることに役立つよう改造されてしまったのだ。つねに理想よりも現実が優先される。教えよりも、儀礼が重視され、戒律もほとんどは無視されるに至っている。

戒律が骨抜きにされてしまった日本において、戒名がこれだけ定着しているのも奇妙な話である。戒名の戒は、戒律の戒であり、戒律を授かって、仏教徒としてそれを遵守する誓いをたてた者にだけ与えられるというのが、仏教の教えにのっとった原則であるはずだった。ところが戒名は、戒律を守ろうにも守れない死者にのみ与えられている。

キリスト教やイスラム教といった、仏教と並ぶ世界宗教も、異民族や風土の異なる地域に拡大していくにつれて、土着的な要素をとり入れ、その姿を変えていった。その意味では、仏教の日本化自体はけっして珍しいことではない。しかし、無制限に、そして無原則に土着化が進められていったのは、すでに述べたように教義を整理するための機会が仏教にはもともと存在しなかったからだ。

これからの戒名

私たちは、ここまで戒名について考えてきた。戒名にまつわる問題を指摘し、その実態をみてきた。戒名の社会的な機能を解明するとともに、戒名や仏式の葬儀が日本社会に定着してくる歴史的な過程についても論じた。さらに、戒名を支える日本的な宗教観を、祖先崇拝と家との関連から考えてみた。そして、なぜ戒名が問題としてとり上げられないのかを社会構造との関連からみた。最後に、戒名の将来の姿を見通し、現状からいかに脱して、死者を葬る行為を自分たちの手にとり戻していけるのかを考えたのである。

私たちはこれまでの議論から多くのことを学んだが、同時に戒名をめぐる問題がいかにやっかいなものであるかを認識したのではないだろうか。戒名は、たんに「死者の名前」という単純なものではなかった。院号などの格の高い戒名の裏には、私たち自身の抱く権力への欲望が渦巻いていた。ひろさちやは、「俗名には現世のあかが付着しています」というが、実は戒名にこそ現世のあかが付着している。一方、寺院の側にも、すでに述べたように、格の高い戒名を与えなければならない事情がある。檀家の側の社会的な事情と、寺院の側の経済的な事情が合致したところに、今日の戒名の姿がある。戒名は、私たちの社会が生み出したもの、つまりは私たち自身が生み出したものなのである。それは、日本の社会を、そして私たち自身の姿を映す鏡にほかならない。私たちは、これまでの作業を通して鏡に映った自分を見つめてきたといえる。

戒名についての考え方はさまざまである。この本の中での解釈とは違う意見も出てこよう。戒名への批判があると同時に、戒名を信仰の証として再生させようとする試みもある。仏式の葬儀のあり方を問い直すことも可能だし、無宗教式によって、しきたりにとらわれない新しい葬送儀礼を追求することもできる。

しかし、私たちはまず事実を明らかにしなければならない。格の高い戒名がなぜ望まれるのか、葬送儀礼に依存せざるをえない仏教寺院の現状とはいかなるものなのか。事実を見ずに、しきたりに従っていればいいとする態度は健全なものとはいえない。事実を明らかにし、その問題点を認めたうえで、これからどうすべきかを論じていかなければならない。本書が、その議論のための第一歩となるならば、その使命は十分に果たされたことになる。

あとがき

ある日私は、都内のホテルのティー・ルームで社会学者の橋爪大三郎氏と社会人類学者の廣瀬洋子氏と雑談していた。その話のなかで、戒名のことが話題になった。『仏教の言説戦略』という本の著者でもある橋爪氏は、戒名が仏典に根拠を持たないにもかかわらず、日本で広く普及しているところに、日本仏教の問題点が集約されていることを力説した。廣瀬氏も同意見で、二人は、私のような宗教学者には、そういった事実を公にし、今日の仏教のあり方に対する批判を展開する義務があると言うのだった。

それまで私は、戒名について研究してきたわけではなく、関心もなかった。そのために、二人がなぜ戒名を問題視するのかがわからなかったのである。しかし、仏典に根拠を持たない戒名の制度が、今日の日本において定着しているのは、たしかに不思議なことだった。とりあえず私は、もともと仏教のなかに存在しなかった戒名が、どういった経過をたどって今日に至ったのかを調べてみることにしたのである。

まず意外だったのは、参照すべき戒名についての研究が存在しないということだった。仏教の解説書に戒名の意義などについて説明されているだけで、本格的な研究を発見することはできなかった。自分で調べてみるほかはなかったのだ。こうして、私の戒名についての研究が始まったのである。

調べ始めてみると、戒名について考えることがいかに難しいことであるかがわかってきた。仏教の教義との関係だけを見ていても、戒名の謎はいっこうに解けなかった。仏教の歴史的な展開についての考察も必要であったし、仏教寺院の社会的な機能も考えなければならなかった。宗教学的な観点からだけではなく、歴史学、社会学、さらには文化人類学的な観点から戒名を見ていく必要があった。戒名についての考察は、戒名それ自身から発展し、仏教のあり方、さらには日本社会のあり方に関する分析へと展開したのである。

橋爪氏は、その著作『現代思想はいま何を考えればよいのか』のなかで、「いま考えるべきことを考える」ことこそが、現代思想の課題である点を強調している。そして現代思想は、生活の場との往復運動のなかで日本社会の正体をみきわめ、日本が世界とどう共存していくかを模索していかなければならないとしている。

戒名を論じることもまた、現代思想の課題である。誰もが疑問を感じながら、その疑問を質す機会を持たない事柄を納得できる形で説明し、具体的な対処の仕方を明らかにしていくことが、知的言論に携わる人間の使命にほかならない。

終わりに、私の宗教学者としての使命を自覚させてくれた橋爪氏と廣瀬氏に感謝したい。また、資料の収集については、葬祭学を専門とする村上興匡氏にお世話になった。三氏には草稿を読んでいただき、貴重な助言もいただいた。本書の刊行を快く引き受けてくださった法藏館の方々にも感謝したい。

一九九一年五月

島田裕巳

増補新版にあたって

この本の前身にあたる『戒名　なぜ死後に名前を変えるのか』が刊行されたのは、一九九一（平成三）年七月のことであった。いまからおよそ十五年前のことになる。それはちょうど、一九八〇年代の中盤にはじまったバブル経済が崩壊を迎えようとしていた時期にあたっていた。

いまから振り返ってみると、『戒名』がその時期に刊行されたことには大きな意味があったように思われる。というのも、バブルの時代をへることによって、戒名をめぐる状況は大きく変わったからである。

そこで今回、『戒名』を刊行して以来十五年の変化を踏まえ、増補新版を刊行することにした。全体の流れに関しては旧版を踏襲したが、新たなデータを追加した。さらには、近年の特徴的な事態についても盛り込み、分析や主張に関してもより明確な方向性を打ち出せるように試みた。散骨、自然葬、創価学会の友人葬などは、旧版の出版以降に起こったまったく新しい事態である。それらのことについては新しく書き加えた。また、戒名の今後について考えた第七章「戒名の行方」の部分は、かなり加筆した。

本書が、戒名に対する疑問を少しでも解消することに役立ってくれれば、著者にとってこれほど嬉しいことはない。

二〇〇五年九月

島田裕巳

文庫版あとがき

この本のオリジナル版を出したのは、一九九一年七月のことである。装丁は、この文庫版と同じく高麗隆彦氏によるもので、香典を入れる不祝儀袋のなかに『戒名』という題名が浮かぶ斬新なものだった。

出版してくれたのは京都の法藏館だった。法藏館は四百年以上の歴史を誇る出版社で、東本願寺の門前にあることから、真宗大谷派と密接な関係があり、江戸時代に出版されたお経を今でも出しているような老舗である。

この『戒名』の本は大いに注目され、本としても売れた。当時は、法藏館が出してきた本のなかでもっとも売れた本だったと聞いている。そのため、出版社には注文が殺到し、大あわてだったという。

それから、二十四年の歳月が経とうとしている。一九九一年は、バブルが崩壊した直後の時代で、まだそうした雰囲気が残っていた。戒名料が高騰したのは、まさにバブルの時代である。多くの人たちが私の本に関心をもってくれたのも、時代背景が関係していた。

現在私は、自然葬を最初にはじめたNPO法人「葬送の自由をすすめる会（SJS）」の会長をつとめているが、この会が発足したのも同じ一九九一年のことだった。もし私がその時代に『戒名』の本を書かなかったとしたら、SJSとのかかわりも生まれなかったであろう。

この一九九一年は、創価学会が僧侶を呼ばず、戒名を授からない「友人葬」をはじめた時期にも当たっていた。創価学会は、友人葬に踏み出すことにかなり迷っていたようだが、偶然にも、私の本は、戒名を授からない葬儀を正当化する役割を果たした。それは、本を書いていたときには、まったく予想できなかったことである。

その点で、一九九一年は、葬儀や戒名の問題について大きな変化が起こるきっかけとなった年であった。やがて日本の伝統とされてきた人の葬り方、弔い方に根本的な変化が見られるようになっていく。

たとえば、最近よく聞かれるようになったことばに、「直葬」というものがある。

これは、通夜を行った上で葬儀・告別式へと進む、通常の儀式を行わず、火葬場に直行し、荼毘に伏すだけで終えてしまう葬り方である。火葬場に僧侶を呼ぶ場合もないではないが、大半は身内だけで済ませてしまう。そこからすれば、「無宗教式葬儀」のもっとも簡素化された形式と見ることもできる。

この直葬ではなくても、葬儀の規模は以前に比べて縮小され、身内だけで行う「家族葬」が一般化している。もっとも家族葬には、安い葬儀という一般のイメージもあり、必ずしも家族だけが参列するものではない場合がある。

家族葬の場合だと、まだ僧侶を呼ぶことがあるが、そのときも、都市部では菩提寺がないため、葬儀社に頼んで、どこかの寺の僧侶に導師をつとめてもらうやり方が多くとられている。

檀家になっていれば、菩提寺の住職を導師に呼ぶわけだが、都市では、寺院墓地を選ばないケースが増え、緊密な関係を持つ菩提寺がないことが多い。

それを反映し、最近では、直葬でなくても、無宗教式の葬儀が選択されるケースが増えているように思われる。それを裏づける調査結果がないので、はっきりとしたことは言えないが、私が最近参列した葬儀には、無宗教式が多い。

無宗教式の葬儀であれば、僧侶は来ないわけで、戒名を授かることもない。直葬や無宗教式の葬儀の増加は、戒名という制度が消滅していく兆しになっているのかもしれない。

実際、二〇一二年に読売新聞が行った「冠婚葬祭に関する全国世論調査」では、たとえ仏教式の葬儀を行っても、戒名は要らないという回答が、五六％にのぼり、必要だの四三％を上回った。四十歳代では、必要ないが六三％にも達し、世代のなかでもっとも多かった。

時代は、「戒名は要らない」という方向にむかっている。

しかし、本書でも指摘したように、寺院の経済という観点からすると、檀家との関係が薄れるなか、戒名料はお寺にとって重要な収入源になっている。そのため、檀家が「戒名は要らない」、あるいは「自分でつける」と言い出せば、お寺とのあいだでトラブルに発展することがある。

そうしたケースについて著者の実体験をつづったものが、ライターの朝山実氏による『父の戒名をつけてみました』（中央公論新社）である。

この本は、二〇一三年に刊行されたものだが、著者は、本書の原本や幻冬舎新書として刊行した『戒名は、自分で決める』を参考にして、父親の戒名をつけたところ、菩提寺の住職から「人のビジネスに立ち入るな」と脅された。家族における人間関係の難しさもあり、それが結構な騒動に発展していく、とても興味深い本である。

本書のなかで詳しく述べたように、戒名というものはひどく厄介なものである。もともとは、仏教の僧侶が出家したときに名乗る僧名だったものが、葬儀の際死者に与えられるようになっていく。その時点では、死者を成仏させるには、戒名を授かっておいた方がいいという信仰があった。僧侶の側も信仰の証としてそれを授けていたのだが、時代が変わることによって、そのあり方は大きく変容した。

戒名は、他の仏教国には見られない、日本仏教に特有な慣習であり、日本社会のあり方と密接な関係をもっている。なぜ私たちが死者に戒名をつけてきたのかは、社会が身分秩序などを維持するために要請してきたことでもある。そのため、そのあり方はひどく複雑なものになっている。

逆に、戒名という制度を見ていくことによって、日本の社会のあり方も、よりクリアーに見えてくるはずである。戒名には、私たちの願望や欲望が反映されているし、それは社会の秩序を保つ上で重要な役割を果たしてきた。さらにそれは、日本仏教のあり方や問題点を明らかにする役割も果たしている。

その点で、この本は、戒名という日本的な制度を通して見た「日本社会論」の性格をもっている。著者としてはそのように考えている。あるいは、ルース・ベネディクトの『菊と刀』に近いようにも思えるのだが、どうだろうか。

今回は、私の希望で、経済学者の水野和夫氏に解説をお願いした。経済学者の目に、戒名という制度がどのように映るのか、それを是非知りたいと思ったからである。

水野氏に感謝するとともに、文庫化を快諾していただいた法藏館にも感謝したい。

浄土真宗では、戒名ではなく法名と呼ぶが、そこには浄土真宗の信仰が深くかかわっている。

二〇一四年十一月

島田裕巳

解説

水野和夫

『戒名』から『０葬』、そして『なぜ日本人は戒名をつけるのか』へ

島田裕巳氏が本書の前身にあたる『戒名　なぜ死後に名前を変えるのか』を書いたのは一九九一年だというのは驚きである。バブル絶頂期を過ぎたとはいえ、当時まだバブルが弾けたという認識が一般的にはないなかで、島田氏は『戒名』を通じて、「日本の社会そのものを批判」しているからである。当時、証券会社でエコノミストをしていた私には、日本社会の変容はみえていなかった。しかし、島田氏にはその後の二十年がみえていたことは本書を読めばよくわかる。

「戒名は、戒名への欲望を喚起しながら、私たちを権力のもとに服従させている」のである。だから、「戒名を扱うことの難しさがある。戒名への批判は、いつか私たちの生き方への批判につながってくるからだ」という。そして「戒名」にまつわる仏教

界の「家業」化に起因する堕落ぶりや、権力欲・名誉欲にかられ「院号」を欲する人への批判は痛快である。島田氏と話していると、権力に媚びないでいつも物事の核心に迫る姿勢がひしひしと伝わってくる。

「社会を支える宗教的なシンボルの一つである」戒名は、当初貴族や武家に限られていたが、社会が豊かになるにつれて、「院号のインフレ化」が起き、それに比例して葬儀も華美となっていった。そうした風潮に対して島田氏は異を唱え、無宗教式葬儀を行えば、「僧侶は導師としてやってこないので、戒名を授かることもない」とする。

島田氏の一連の舌鋒鋭い批評は、『葬式は、要らない』（二〇一〇、幻冬舎新書）、『墓は、造らない』（二〇一一、大和書房）、そして、『0葬』（二〇一四、集英社）に結実することになる。究極の「0葬」、すなわち、遺骨を引き取らないことを提案することで、「身分秩序のシンボル」となった戒名を欲し、遺族が権力を維持・誇示しようとする滑稽さを戒める。

0葬とゼロ金利

島田氏が「0葬」を発想した源流がバブル崩壊直後（現実は数年たったあとで崩壊し

たと認識する）にあったとすると、おそらく現在のゼロ金利も島田氏は一九九一年時点でわかっていたと推測することができる。過剰なまでに資本を「蒐集」（コレクション）した資本家は権力を欲する。遺族がそれに見合った葬儀をしようとすると、「○○院殿△△大居士」なる戒名を「蒐集」したくなる。

ゼロ金利が資本主義が内在的に有する「過剰・放漫・過多」を追求した結果行き着いた先であるのなら、「ゼロ葬」は権力を過剰なまでに欲してたどり着いた先の英知である。島田氏の宗教を通じた社会批評は実は、日本の近代資本主義社会の在り方に対する批評でもあるのだ。本書でそう確信したのだが、島田氏との共著である『資本主義2・0』（二〇〇八、講談社）のときから私はそう感じていた。

ヨーロッパの歴史は「蒐集」の歴史である。資本主義は財、あるいは資本を「蒐集」するのに対して、キリスト教は魂を「蒐集」してきた。非ヨーロッパで最も早く西欧化に成功した日本において、仏教が「蒐集」したのは魂というより世俗権力の継承を象徴する「戒名」だったのである。

二十一世紀はこの延長上にあるとは思えない。財（資本）については、アフリカのグローバリゼーションが喧伝され、もはや次の新しい空間は存在しないのであるから、

「蒐集」すべきものがない。そうであれば、「戒名」を通じて権力を蒐集してきた仏教の役割も当然変わらなければならない。

二十一世紀は宗教の時代、島田裕巳の時代

中世は「神学の時代」だった。ところが、十七世紀になってデカルトとガリレオが「科学革命」を起こしたことで、十七世紀は「科学の時代」となった。地上の、そして宇宙（コスモス）の頂点に君臨していた神を追放して人間は「科学」（合理性）を主役の座に据えたのだった。そして、近代になって十七世紀の「科学」と二十世紀の「技術」が一体化することで経済が飛躍的に発展した。

しかし、二十一世紀に入って「技術」が人間に牙を向けたのである。二十一世紀最初の年に九・一一（米国同時多発テロ）が起きた。そして二〇〇八年の九・一五（リーマン・ショック）、そして二〇一一年の三・一一（東日本大震災と東京電力福島第一原発事故）は一見何の脈絡もないようにみえるが、実は水面下ではつながっている。成長を目指す様々な努力それ自体が反作用（収縮）を生んでいるのである。

まさに、カール・シュミットが「中立化と脱政治化の時代」（一九二九）で指摘し

たように、「大衆は（略）、人力の自然支配という技術の奇跡の信徒となった」のだから「宗教の魔術性は技術の魔術性へ転化した」のだった。「技術の奇跡の信徒」だからこそ、盲目的に原子力工学、金融工学が豊かな社会を到来させるのだと信じたのだった。シュミットの予言から一世紀がたって「技術進歩教ともいうべき宗教が誕生した」のである。

二十一世紀は良くも悪くも「宗教（魔術）の時代」である。米ソ冷戦の終結と入れ替わるように「宗教対立の時代」（テロの時代）に突入した。「宗教対立の時代」を解決するのは「宗教」である。まず真っ先に島田氏にしてほしいのは「資本主義の0葬」である。

その役は「葬送の自由をすすめる会」会長である島田氏には適任であるし、宗教学者であり、思想家でもある島田氏にしかできない。二十一世紀は「宗教の時代」なのだから、島田裕巳の時代なのである。時代の転換期にあって、その歯車を回せるのは「変人」でかつ常人の思考を飛び越えて発想力豊かな島田裕巳氏にしかできない。

（みずの・かずお　経済学者）

本書は二〇〇五年十一月、法藏館より刊行された『増補新版　戒名
なぜ死後に名前を変えるのか』を改題し、加筆をしたものである。

映画は父を殺すためにある　島田裕巳

〝通過儀礼〟で映画を分析することで、隠されたメッセージを読み取ることができる。宗教学者が教える、ますます面白くなる映画の見方。（町山智浩）

世界がわかる宗教社会学入門　橋爪大三郎

宗教なんてうさんくさい⁉　でも宗教は文化や価値観の骨格であり、それゆえ紛争のタネにもなる。世界宗教のエッセンスがわかる充実の入門書。

仏教百話　増谷文雄

仏教の根本精神を究めるには、ブッダに帰らねばならない。ブッダ生涯の言行を一話完結形式で、わかりやすく説いた入門書。

禅　鈴木大拙　工藤澄子訳

禅とは何か。また禅の現代的意義とは？　世界的な関心の中で見なおされる禅について、その真諦を解き明かす。（秋月龍珉）

語る禅僧　南直哉

自身の生き難さと対峙し、自身の思考を深め、今と切り結ぶ言葉を紡ぎだす。永平寺修行のなかから語られる「宗教」と「人間」とは。（宮崎哲弥）

仏教のこころ　五木寛之

人々が仏教に求めているものとは何か、仏教はそれにどう答えてくれるのか。著者の考えをまとめた文章に、河合隼雄、玄侑宗久との対談を加えた一冊。

辺界の輝き　五木寛之　沖浦和光

サンカ、家船、遊芸民、香具師など、差別されながら漂泊に生きた人々が残したものとは？　白熱する対論の中から、日本文化の深層が見えてくる。

自力と他力　五木寛之

俗にいう「他力本願」とは正反対の思想が、真の「他力」である。真の絶望を自覚した時に、人はこの感覚に出会うのだ。

サンカの民と被差別の世界　五木寛之

歴史の基層に埋もれた、忘れられた日本を掘り起こす。漂泊に生きた海の民・山の民。身分制で賤民とされた人々。彼らが現在に問いかけるものとは。

隠れ念仏と隠し念仏　五木寛之

九州には、弾圧に耐えて守り抜かれた「隠れ念仏」があり、東北には、秘密結社のような信仰「隠し念仏」がある。知られざる日本人の信仰を探る。

宗教都市と前衛都市　五木寛之

商都大阪の底に潜む強い信仰心。国際色豊かなエネルギーが流れ込み続ける京都。現代にも息づく西の都の歴史。「隠された日本」シリーズ第三弾。

わが引揚港からニライカナイへ　五木寛之

玄洋社、そして引揚者の悲惨な歴史とは？　アジアとの往還の地・博多と、日本の原郷・沖縄。二つの土地を訪ね、作家自身の戦争体験を歴史に刻み込む。

日本幻論
漂泊者のこころ　五木寛之

幻の隠岐共和国、柳田國男と南方熊楠、人間としての蓮如像等々、非・常民文化の水脈を探り、五木文学の原点を語った衝撃の幻論集。（中沢新一）

もしリアルパンクロッカーが仏門に入ったら　架神恭介

パンクロッカーのまなぶは釈迦や空海、日蓮や禅僧たちと殴りあって悟りを目指す。仏教の思想と歴史を笑いと共に理解できる画期的入門書。（蟬丸P）

ハーメルンの笛吹き男　阿部謹也

「笛吹き男」伝説の裏に隠された謎はなにか？　十三世紀ヨーロッパの小さな村で起きた事件を手がかりに中世における「差別」を解明。（石牟礼道子）

自分のなかに歴史をよむ　阿部謹也

キリスト教に彩られたヨーロッパ中世社会の研究で知られる著者が、その学問的来歴をたどり直すことを通して描く〈歴史学入門〉。（山内進）

逃走論　浅田彰

パラノ人間からスキゾ人間へ、住む文明から逃げる文明への大転換の中で、軽やかに〈知〉と戯れるためのマニュアル。

図説 拷問全書　秋山裕美

罪を告白するまでは「死」すら許されなかった。理不尽すぎる訊問、過酷さを極める責めの技術など、西洋史の暗部をえぐる。（柳下毅一郎）

新版
タイムトラベルの哲学　青山拓央

「流れる時間」という常識は本当なのか。SF小説などでおなじみのタイムトラベルを手掛かりに時間論の本質に迫るスリリングな入門書。（永井均）

ナショナリズム　浅羽通明

新近代国家日本は、いつ何のために、創られたのか。日本ナショナリズムの起源と諸相を十冊のテキストを手がかりとして網羅する。（斎藤哲也）

戦国美女は幸せだったか　加来耕三

波瀾万丈の動乱時代、女たちは賢く逞しかった。武将の妻から庶民の娘まで。戦国美女たちの素晴らしい生き様が、日本史をつくった。文庫オリジナル。

きよのさんと歩く大江戸道中記　金森敦子

江戸時代、鶴岡の裕福な商家の内儀・三井清野のゴージャスでスリリングな大観光旅行。総距離約2420キロ、旅程108日を追体験。（石川英輔）

ハプスブルク家の光芒　菊池良生

帝国の威光が輝くほどに翳もまた深くなる。絶頂の極みで繰り広げられた祝祭空間には、すでに、凋落の兆しが潜んでいた。（菅啓次郎）

哀しいドイツ歴史物語　菊池良生

どこで歯車が狂ったのか。何が運命の分かれ道だったのか。歴史の波に翻弄され、虫けらのごとく捨てられていった九人の男たちの物語。（鎌田實）

闇屋になりそこねた哲学者　木田元

原爆投下を目撃した海軍兵学校帰りの少年は、ハイデガーとの出会いによって哲学を志す。自伝の形を借りたユニークな哲学入門。（与那原恵）

名画の言い分　木村泰司

「西洋絵画は感性で見るものではなく読むものだ」。斬新で具体的なメッセージを豊富な図版とともにわかりやすく解説した西洋美術史入門。（鴻巣友季子）

10宅論　隈研吾

ワンルームマンション派・カフェバー派・清里ペンション派・料亭派などの住宅志向を分析しながら論ずる日本人論。（山口昌男）

考現学入門　今和次郎　藤森照信編

震災復興後の東京で、都市や風俗への観察・採集からはじまった〈考現学〉。その雑学の楽しさを満載し、新編集でここに再現。（藤森照信）

レトリックと詭弁　香西秀信

「沈黙を強いる問い」「論点のすり替え」など、議論に仕掛けられた巧妙な罠に陥ることなく、詐術に打ち勝つ方法を伝授する。

紅一点論　斎藤美奈子

「男の中に女が一人」は、テレビやアニメで非常に見慣れた光景である。その「紅一点」の座を射止めたヒロイン像とは⁉（姫野カオルコ）

生き延びるためのラカン　斎藤環

幻想と現実が接近しているこの世界で、できるだけリアルに生き延びるためのラカン解説書にして精神分析入門書。カバー絵・荒木飛呂彦　（中島義道）

増補 転落の歴史に何を見るか　齋藤健

奉天会戦からノモンハン事件に至る34年間、日本は内発的改革を試みたが失敗し、敗戦に至った。近代史を様々な角度から見直し、その原因を追究する。

桜のいのち庭のこころ　佐野藤右衛門　塩野米松聞き書き

花は桜の最後の仕事なんですわ。花を散らして初めて芽が出て一年間の営みが始まるんです――桜守と呼ばれる男が語る、桜と庭の尽きない話。

学問の力　佐伯啓思

学問には普遍性と同時に「故郷」も欠かせない。経済用語に支配され現実離れしてゆく学問の本質を問い直し、体験を交えながら再生への道を探る。　（猪木武徳）

罪と監獄のロンドン　スティーブ・ジョーンズ　友成純一訳

ヴィクトリア朝時代、繁栄を謳歌する一方で、貧困・飢餓・疫病が蔓延し、犯罪がはびこる悪徳の都市であったロンドンの暗闇に迫る。図版多数。

聞き書き にっぽんの漁師　塩野米松

北海道から沖縄まで、漁師の生活を訪ねて歩いた珠玉の聞き書き。テクノロジーの導入で失われる伝統の技、資源の枯渇……漁業の現状と未来。

木の教え　塩野米松

かつて日本人は木と共に生き、木に学んだ教訓を受け継いできた。効率主義に囚われた現代にこそ生かしたい「木の教え」を紹介。　（丹羽宇一郎）

手業に学べ　心　塩野米松

失われゆく手仕事の思想を体現する、伝統職人の聞き書き。「心」は斑鳩の里の宮大工、秋田のアケビ蔓細工師など17の職人が登場、仕事を語る。

手業に学べ　技　塩野米松

伝統職人たちの言葉を刻みつけた、渾身の聞き書き。「技」は岡山の船大工、福島の野鍛冶、東京の檜皮葺き職人など13の職人が自らの仕事を語る。

星の王子さま、禅を語る　重松宗育

『星の王子さま』には、禅の本質が描かれている。住職でアメリカ文学者でもある著者が、難解な禅の哲学を指南するユニークな入門書。　（西村惠信）

江戸へようこそ　杉浦日向子

江戸人と遊ぼう！　北斎も、源内もみ～んな江戸のワタシラだ。江戸人に共鳴する現代の浮世絵師が、イキイキ語る江戸の楽しみ方。（泉麻人）

大江戸観光　杉浦日向子

はとバスにでも乗った気分で江戸旅行に出かけてみましょう。歌舞伎、浮世絵、狐狸妖怪、かげま……。名ガイドがご案内します。（井上章一）

ぼくが真実を口にすると　吉本隆明88語　勢古浩爾

吉本隆明の著作や発言の中から、とくに心に突き刺さったフレーズ、人生の指針となった言葉を選び出し、それを手掛かりに彼の思想を探っていく。

県民性の人間学　祖父江孝男

県民性は確かに存在する。その地域独特の文化や風習、気質や習慣など、知れば知るほど納得のトピックを、都道府県別に楽しく紹介する。

ことばが劈《ひら》かれるとき　竹内敏晴

ことばとこえとからだと、それは自分と世界との境界線だ。幼時に耳を病んだ著者が、いかにことばを回復し、自分をとり戻したか。

「自分」を生きるための思想入門　竹田青嗣

なぜ「私」は生きづらいのか。「他人」や「社会」をどう考えたらいいのか。誰もがぶつかる問題を平易な言葉で哲学し、よく生きるための〝技術〟を説く。

春画のからくり　田中優子

春画では、女性の裸だけが描かれることはなく、男女の絡みが描かれる。男女が共に楽しんだであろう性表現に凝らされた趣向とは。図版多数。

江戸百夢　田中優子

世界の都市を含みこむ「るつぼ」江戸の百の図像（手拭いから彫刻まで）を縦横無尽に読み解く。平成12年度芸術選奨文部科学大臣賞、サントリー学芸賞受賞。

張形と江戸女　田中優子

江戸時代、張形は女たち自身が選び、楽しむものだった。江戸の大らかな性を春画から読み解く。図版追加。　カラー口絵4頁。（白倉敬彦）

カムイ伝講義　田中優子

白土三平の名作漫画『カムイ伝』を通して、江戸の社会構造を新視点で読み解く。現代の階層社会の問題が見えると同時に、エコロジカルな未来もみえる。

戦前の生活　武田知弘
軍国主義、封建的、質素倹約で貧乏だったなんてウソ。意外で驚きなトピックが満載。夢と希望に溢れ、ゴシップに満ちた戦前の日本へようこそ。

生命をめぐる対話　多田富雄
生命の根源に迫る対談集[五木寛之／井上ひさし／日野啓三／橋岡久馬／白洲正子／田原総一朗／養老孟司／中村桂子／畑中正一／青木保／高安秀樹]

国定忠治の時代　高橋敏
忠治が生きた幕末という大きな歴史の転換点を、民衆の読み書き能力や知的ネットワークといった社会史的視点から読み解いた意欲作。（青木美智男）

人生を〈半分〉降りる　中島義道
哲学的に生きるには〈半隠遁〉というスタイルを貫くしかない。「清貧」とは異なるその意味と方法を、自身の体験を素材に解き明かす。（中野翠）

哲学の道場　中島義道
哲学は難解で危険なものだ。しかし、世の中にはこれを必要とする人たちがいる。――死の不条理への問いを中心に、哲学の神髄を伝える。（小浜逸郎）

暴力の日本史　南條範夫
上からの暴力は歴史を通じて常に残忍に人々を苦しめてきた。それに対する庶民の暴力はいかに興り敗れてきたか。残酷物の名手が描く。（石川忠司）

風雅の虎の巻　橋本治
風雅とは何だろうか？　幽玄とは？　美とは？　和歌や茶道といった古典から現在政治やアートまでを例に、由緒正しい日本を橋本治が伝授する。

橋本治と内田樹　橋本治　内田樹
不毛で窮屈な議論をほぐし直し、「よきもの」に変える成熟した知性が、あらゆることを語りつくす。伝説の対談集ついに文庫化！（鶴澤寛也）

昭和史探索（全6巻）　半藤一利編著
名著『昭和史』の著者が第一級の史料を厳選、抜粋。時々の情勢や空気を一年ごとに分析し、書き下ろしの解説を付す。《昭和》を深く探る待望のシリーズ。

昭和史探索 1　半藤一利編著
「大正」の重い遺産を負いつつ、昭和天皇は即位する。金融恐慌、東方会議（昭和二年）、張作霖爆殺事件（三年）、濱口雄幸内閣の船出（四年）まで。

占領下日本（上）　半藤一利／竹内修司／保阪正康／松本健一

1945年からの7年間日本は「占領下」にあった。この時代を問うことは戦後日本を問いなおすことである。天皇からストリップまでを語り尽くす。

占領下日本（下）　半藤一利／竹内修司／保阪正康／松本健一

日本の「占領」政策では膨大な関係者の思惑が錯綜し揺れ動く環境の中で、様々なあり方が模索された。昭和史を多様な観点と仮説から再検証する。

増補 日本経済新聞は信用できるか　東谷暁

バブル、構造改革、IT革命、中国経済……そしてリーマン・ショック。巨大経済メディアの報道と論調を徹底検証する。

移行期的混乱　平川克美

人口が減少し超高齢化が進み経済活動が停滞する社会で、未来に向けてどんなビジョンが語れるか？　転換点を生き抜く知見。（内田樹＋高橋源一郎）

建築探偵の冒険・東京篇　藤森照信

街を歩きまわり、古い建物、変わった建物を発見し調査する〝東京建築探偵団〟の主唱者による、建築をめぐる不思議で面白い話の数々。（山下洋輔）

私の幸福論　福田恆存

この世は不平等だ。何と言おうと！　しかしあなたは幸福にならなければ……。平易な言葉で生きることの意味を説く刺激的な書。（中野翠）

現代語訳 文明論之概略　福澤諭吉　齋藤孝＝訳

「文明」の本質と時代の課題を、鋭い知性で捉え、巧みな文体で説く。福澤諭吉の最高傑作にして近代日本を代表する重要著作が現代語でよみがえる。

軍事学入門　別宮暖朗

「開戦法規」や「戦争（作戦）計画」、「動員とは何か」、「勝敗の決まり方」など〝軍事の常識〟を史実に沿って解き明かす。（住川碧）

日本海海戦の深層　別宮暖朗

連合艦隊の勝利は高性能の兵器と近代砲術の組み合わせによる。『坂の上の雲』では分からない全体像をハードとソフトの両面で再現し、検証する。

日露戦争陸戦の研究　別宮暖朗

陸戦勝利の背景には、独善的な作戦計画を実情に合わせて修正し、戦機を摑んだ指揮官・兵士の苦闘があった。五つの主要な作戦を例に検証する。

反社会学講座 パオロ・マッツァリーノ

恣意的なデータを使用し、権威的な発想で人に説教する困った学問「社会学」の暴走をエンターテイメントな議論で撃つ！ 真の啓蒙は笑いから。

誰も調べなかった日本文化史 パオロ・マッツァリーノ

土下座のカジュアル化、先生という敬称の由来、全国紙一面の広告。——イタリア人(自称)戯作者が、資料と統計で発見した知られざる日本の姿。

北一輝論 松本清張

二・二六事件に連座して処刑され、多くの議論を呼んできた異色の思想家の生涯と思想を、久野収との巻末対談も交えて検証する。 (筒井清忠)

脳はなぜ「心」を作ったのか 前野隆司

「意識」とは何か。どこまでが「私」なのか。死んだら「心」はどうなるのか。——「意識」と「心」の謎に挑んだ話題の本の文庫化。 (夢枕獏)

錯覚する脳 前野隆司

「意識のクオリア」も五感も、すべては脳が作り上げた錯覚だった！ ロボット工学者が科学的に明らかにする衝撃の結論を信じられますか。 (武藤浩史)

日本の村・海をひらいた人々 宮本常一

民俗学者宮本常一が、日本の山村と海、それぞれに暮らす人々の、生活の知恵と工夫をまとめた貴重な記録。フィールドワークの原点。 (松山巖)

増補 サブカルチャー神話解体 宮台真司／石原英樹／大塚明子

少女カルチャーや音楽、マンガ、AVなど各種メディアの歴史を辿り、若者の変化を浮き彫りにした前人未到のサブカル分析。 (上野千鶴子)

英国の貴族 森護

イギリスの歴史に大きな地位を占める公爵10家の成り立ちと変遷を、個性的な人物たちや数々のエピソードに絡めて興味深く紹介する。

僕は考古学に鍛えられた 森浩一

小学生時代に出会った土器のかけら、中学時代の遺跡探訪……数々の経験で誘われた考古学への魅力をあますところなく伝える自伝的エッセイ。

現人神の創作者たち(上) 山本七平

日本を破滅の戦争に引きずり込んだ呪縛の正体とは何か。幕府の正統性を証明しようとして、逆に「尊皇思想」が成立する過程を描く。 (山本良樹)

現人神の創作者たち（下）　山本七平

将軍から天皇への権力の平和的移行を可能にしたのは、水戸学の視点からの歴史の見直しだった。その過程を問題史的に検討する。（高澤秀次）

徳川家康（上）　山本七平

戦国時代に終止符を打った家康が師と仰いだのは、意外にも「地味な超人」毛利元就だった。「関ヶ原の戦い」までの苦難の軌跡。（二木謙一）

徳川家康（下）　山本七平

家康は野戦指揮官として優れていると同時に巧みな外交手腕と財政感覚も備えていた。天下を統一し「徳川の平和」を築くまで。（二木謙一）

希望格差社会　山田昌弘

職業・家庭・教育の全てが二極化し、「努力は報われない」と感じた人々から希望が消えるリスク社会日本。「格差社会」論はここから始まった！

異界を旅する能　安田登

「能」は、旅する「ワキ」と、幽霊や精霊である「シテ」の出会いから始まる。そして、リセットが鍵となる日本文化を解き明かす。（松岡正剛）

源実朝　吉本隆明

実朝とはなにか。詩人であり将軍であるこの複雑な陰影をもった人物を「制度としての実朝」ととらえ、彼の歌を解析する、スリリングな論考。

私の「戦争論」　吉本隆明　田近伸和

「戦争」をどう考えればよいのか？　不毛な議論に惑わされることなく、「個人」の重要性などを、わかりやすい言葉で説き明かしてくれる。

夏目漱石を読む　吉本隆明

主題を追求する「暗い」漱石と愛される「国民作家」をつなぐ資質の問題とは？　平明で卓抜な漱石講義十二講。第2回小林秀雄賞受賞。（関川夏央）

脳と魂　養老孟司　玄侑宗久

解剖学者と禅僧。異色の知による変幻自在な対話。二人の共振から、現代人の病理が浮き彫りになり、希望の輪郭が見えてくる。（茂木健一郎）

ちぐはぐな身体《からだ》　鷲田清一

ファッションは、だらしなく着くずすことから始まる。中高生の制服の着崩し、コムデギャルソン、刺青等から身体論を語る。（永江朗）

哲学個人授業　鷲田清一　永江朗

哲学者のとぎすまされた言葉には、歌舞伎役者の切る「見得」にも似た魅力がある。哲学者23人の魅惑の言葉。文庫版では語り下ろし対談を追加。

ひとはなぜ服を着るのか　鷲田清一

ファッションやモードを素材として、アイデンティティや自分らしさの問題を現象学的視線で分析する。「鷲田ファッション学」のスタンダード・テキスト。

僕のこころを病名で呼ばないで　青木省三

こころの病に名前を付けることで見失ってしまう若者たちの多様性を、彼らと正面から向き合うことをとおして、診療の現場から考える。（山登敬之）

イギリス人の知恵に学ぶ「これだけはしてはいけない」夫婦のルール　ブランチ・エバット　井形慶子監訳

一九一三年に刊行され、イギリスで時代を超えて読み継がれてきたロングセラーの復刻版。現代の日本でも妙に納得できるところが不思議。

哺育器の中の大人［精神分析講義］　伊丹十三　岸田秀

愛や生きがい、子育てや男(女)らしさなど具体的な問題について対話し、幻想・無意識・自我など精神分析の基本を分かりやすく解き明かす。（春日武彦）

英語に強くなる本　岩田一男

昭和を代表するベストセラー、待望の復刊。暗記やテクニックではなく本質を踏まえた学習法は今も新鮮なわかりやすさをお届けします。（晴山陽一）

英単語記憶術　岩田一男

単語を構成する語源を捉えることで、語の成り立ちを理解することを説き、丸暗記では得られない体系的な英単語習得を提案する50年前の名著復刊。

ザ・フェミニズム　上野千鶴子　小倉千加子

当代きってのフェミニスト二人が、さまざまなトピックを徹底的に話しあった。今、あなたのフェミニズム観は根本的にくつがえる。（遙洋子）

サヨナラ、学校化社会　上野千鶴子

東大に来て驚いた。現在を未来のための手段とし、偏差値一本で評価を求める若者。ここからどう脱却する？　丁々発止の議論満載。（北田暁大）

パーソナリティ障害がわかる本　岡田尊司

性格は変えられる。「パーソナリティ障害」を「個性」に変えるために、本人や周囲の人がどう対応し、どう工夫したらよいかがわかる。（山登敬之）

ちくま文庫

なぜ日本人《にほんじん》は戒名《かいみょう》をつけるのか

二〇一五年一月十日　第一刷発行

著　者　島田裕巳（しまだ・ひろみ）

発行者　熊沢敏之
発行所　株式会社　筑摩書房
東京都台東区蔵前二―五―三　〒一一一―八七五五
振替〇〇一六〇―八―四一二三
装幀者　安野光雅
印刷所　星野精版印刷株式会社
製本所　株式会社積信堂
乱丁・落丁本の場合は、左記宛にご送付下さい。
送料小社負担でお取り替えいたします。
ご注文・お問い合わせも左記へお願いします。
筑摩書房サービスセンター
埼玉県さいたま市北区櫛引町二―六〇四　〒三三一―八五〇七
電話番号　〇四八―六五一―〇〇五三

ISBN978-4-480-43237-7 C0115